W0287361

Schrader-Motor-Chronik

Büssing Omnibusse

1904 – 1971

WALTER SPITZ

AMAGERBANENS - OMNIBUSRUTER

Schrader-Motor-Chronik

Büssing Omnibusse

1904 – 1971

Eine Dokumentation von Wolfgang H. Gebhardt

Schrader
Verlag

Eine Haftung des Autors oder des Verlages und seiner Beauftragten für
Personen-, Sach- und Vermögensschäden ist ausgeschlossen.

ISBN 3-613-87171-8

Copyright © by Schrader Verlag, Postfach 103743, 70032 Stuttgart
Ein Unternehmen der Paul Pietsch Verlage GmbH + Co
1. Auflage 1998

Nachdruck, auch einzelner Teile, ist verboten.
Das Urheberrecht und sämtliche weiteren Rechte sind dem Verlag vorbehalten.
Übersetzung, Speicherung, Vervielfältigung und Verbreitung
einschließlich Übernahme auf elektronische Datenträger wie CD-Rom, Bildplatte usw.
sowie Einspeicherung in elektronische Medien wie Bildschirmtext, Internet usw.
ist ohne vorherige schriftliche Genehmigung des Verlages unzulässig und strafbar.

Lektorat: Halwart Schrader
Innengestaltung: IPa, 71665 Vaihingen/Enz
Repro: digi bild reinhardt, Göppingen
Druck: Gulde Druck, 72070 Tübingen
Bindung: Josef Spinner, 77833 Ottersweier
Printed in Germany

Sonderfahrt
STRASSENBAHNEN DER STADT ULM
EINGANG
AUSGANG
113
113

Inhalt

Vorwort

Bus und Büssing: Es scheint fast, als läge hier eine schicksalhafte Wortverwandtschaft vor. Omnibusse und Lastwagen der Marke Büssing gehörten bis zu den 80er Jahren immerhin zu den Selbstverständlichkeiten im Straßenbild. Seit 1903 – Omnibusse ab 1904 – galten die Pionierkonstruktionen aus Braunschweig als innovative, belebende Elemente in der deutschen Automobilindustrie.

Den Begriff »Omnibus« muß man wohl kaum definieren. Den Namen »Trambus«, der in diesem Buch häufig auftaucht, hatte sich Büssing indes für jene Fahrzeuge schützen lassen, die man im Lkw-Bereich als Frontlenker bezeichnet und die keine Motorhaube aufweisen. Beim Büssing Trambus war das Antriebsaggregat zunächst vorn innerhalb des Fahrzeugs stehend, später unterflur bzw. im Heck in liegender Position eingebaut.

Wolfgang H. Gebhardt, Verfasser der SMC-Bände »Deutsche Ackerschlepper« und »Faun«, zeigt mit dieser Dokumentation einen Querschnitt der Geschichte des Omnibusbaus der prominenten Marke Büssing, die durch ihre Chrom-Spinne an der Kühlermaske und durch ihr berühmtes Löwen-Emblem uns bis zur Produktionseinstellung im Jahre 1971 in guter Erinnerung geblieben ist. Mit einer Auswahl von Unterlagen und Prospekten, die weitgehend aus dem Archiv von Hans Pairan stammen, sollen einige repräsentative Omnibus-Konstruktionen des breiten Büssing-Produktionsprogramms in Erinnerung gerufen werden.

Eine lückenlose Übersicht aller von Büssing gebauter Omnibus- und Trambustypen darzustellen, ist durch die Vielzahl der Modelle auf beschränktem Platz kaum möglich. Der Autor hat sich deshalb darauf konzentriert, die jeweils interessantesten Beispiele aus den wichtigsten Baureihen zu zeigen.

Halwart Schrader

Büssing: Dieser Name stand Jahrzehnte für den soliden, schweren Nutzkraftwagen aus Braunschweig. Von 1904 bis 1971 verließen tausende von Omnibussen mit dem Schriftzug Büssing und dem Büssing-Wappen die verschiedenen Werke dieses Pionierunternehmens.
Als einer der ältesten Nutzkraftwagen-Hersteller nahm Büssing bis zu Beginn des Zweiten Weltkriegs hinter der Daimler-Benz AG den zweiten Platz ein. Durch den Verlust wichtiger Betriebsstätten am Ende des Krieges ließ sich die schlagkräftige und souveräne Fertigungskapazität jedoch nicht weiterführen, so daß die Marke Büssing nach langem Leidensweg schließlich im Konzern der einstigen Konkurrenzmarke MAN Unterschlupf fand.
Nicht nur die Größe und die Bedeutung der Firma Büssing sind in Erinnerung geblieben, sondern vor allem die Meilensteine, die wir den Ingenieuren dieses niedersächsischen Unternehmens zu verdanken haben. Zum Beispiel entwickelte Büssing in Zusammenarbeit mit den Continental-Werken 1906 den luftgefüllten Reifen für Nutzfahrzeuge, der ein angenehmeres Fahrverhalten sowie eine höhere Geschwindigkeit gegenüber dem bisher verwendeten Vollgummi- oder Elastik-Reifen bot.
1924 führte Büssing das Dreiachsfahrgestell für den Großraum-Omnibus und wenig später auch beim Schwerlastwagen ein. Es galt eine ausgeklügelte Technik zu beherrschen, um die Antriebskraft auf beide unabhängig voneinander gefederten Hinterachsen zu übertragen.
Einen weiteren Meilenstein in der deutschen Omnibusgeschichte setzte Büssing 1929 mit der Vorstellung des Prototyps eines konsequent kastenförmig ausgeführten Dreiachs-Frontlenkers, bei dem sich der Motor unter einer Sitzreihe befand; zur Wartung ließ er sich nach Öffnen der Lüftungsklappe nach außen schwenken.
Die wohl größte Leistung der Büssing-Ingenieure war 1936 die Entwicklung eines liegenden Dieselmotors zur Erprobung in zwei Omnibusversionen. Der platzraubende Motor vor oder neben dem Fahrersitz wanderte hierbei »unterflur« in den Rahmen vor der Vorderachse und später zwischen die Achsen, so daß sich die gesamte Bodenfläche des Fahrzeugs für Beförderungszwecke nutzen ließ.

Die Kriegsereignisse unterbrachen abrupt diesen zukunftsweisenden Weg. Die schwierigen Nachkriegsverhältnisse zwangen zunächst zur Beschränkung auf die weniger komplizierten »Trambusse« mit innenstehendem Motor, bis 1949 der Motor wieder unterflur eingebaut werden konnte. Büssing führte dieses Prinzip konsequent bei seiner gesamten Omnibus-Palette ein. Schließlich verlegten die Büssing-Konstrukteure das liegende Antriebsaggregat ins Heck, was eine Absenkung der Bodenhöhe ermöglichte. Der Bau des heute aktuellen Niederflurbusses ist durch die Büssing-Technik eingeleitet worden.

Erster Büssing Omnibus mit Dachgalerie.

75 PS Büssing-NAG Typ 300 (1933).

Büssing Trambus Typ 350 T.

Heinrich Büssing (1843 – 1929), ein vielseitig erfahrener und erfolgreicher Signalbau-Ingenieur, stellte 1903 seinen ersten Laster mit eigenem Motor auf die Räder, dem 1904 der erste Omnibus folgte. Für die Propagierung des Omnibusses als universell einsetzbares Beförderungsmittel gründete Heinrich Büssing die »Automobil-Omnibus-Betriebs-Gesellschaft Braunschweig«, die einen regelmäßigen Linienbetrieb zum Harz einrichtete. Bald machten Exporterfolge den jungen Markennamen bekannt: große Stückzahlen an Oberdeckern (Doppelstock-Omnibusse mit nicht überdachtem zweiten Deck) gingen in die britische Hauptstadt. Auch in Berlin und in Leipzig rollten hunderte von Büssing-Omnibussen über das Pflaster. Weitere Omnibuslinien richtete das kapitalkräftige Unternehmen überall im Deutschen Reich ein, um in eigener Regie den Omnibus in Deutschland zu verbreiten. Bis in die sechziger Jahre existierte die Büssing-eigene Kraftverkehr-Gesellschaft mbH, Braunschweig, deren Fahrzeuge mit dem Emblem eines springenden Niedersachsen-Pferdes gekennzeichnet waren.

Am Vorabend des Ersten Weltkrieges stand ein Omnibus-Programm mit 18-, 24- und 30-sitzigen Typen bereit. Der Büssing-Schriftzug kennzeichnete sie an der Kühlermaske aus Messing; in der Werbung sorgte der Welfenlöwe für den optimalen Identifikationswert.

Im frühen Nachkriegsprogramm drehte sich dann alles um den Dreiachser, wegen seiner Einzelrad-Bereifung »Sechsrad-Wagen« genannt. Mit diesem Großraum-Omnibus ließen sich alle Beförderungsansprüche im Stadt- und im Überlandverkehr auf beliebten Ausflugsstrecken erfolgreich lösen. Insbesondere im Stadtverkehr verdrängte der Dreiachser so manche Straßenbahnlinie.

In der Krisenzeit gegen Ende der zwanziger Jahre, als deutsche Automobilhersteller nur durch Zusammenschlüsse oder neue Kapitalgeber überleben konnten, übernahm Büssing das Mannesmann-Mulag-Werk in Aachen sowie das Komnick-Werk in Elbing/Westpreußen. Diesem Betrieb oblag künftig der Karosseriebau für die Büssing-Omnibusse. Im nächsten Schritt schloß sich Büssing mit den NAG-Werken des AEG-Konzerns in Berlin und in Leipzig zusammen. Unter der Firmenbezeichnung Büssing-NAG Vereinigte Nutzkraftwagenwerke AG, Braunschweig (BNV) war die Basis für ein Unternehmen geschaffen worden, das alle Leistungsklassen im Omnibus- und Lastwagenbau abdeckte.

Unter den Omnibusfahrzeugen stand nun ein komplettes Programm vom 15- bis zum 60-Sitzer für den Kommunal-, Ausflugs-, Reise- und Bäderverkehr zur Verfügung. Hinzu kamen riesige Doppeldecker, die als Jumbo-Typen in Berlin Verbreitung fanden. Ein Spitzenerzeugnis der Büssing-Ingenieurkunst stellte 1933 der Typ Fichtelberg dar. Zwei Motoren mit insgesamt 320 PS verliehen diesem Dreiachser eine überdurchschnittliche Kraft.

Eigene Dieselmotoren setzte Büssing ab 1932 auf Wunsch in die Fahrzeuge ein. Schon 1933 stand hier eine Baukastenreihe mit drei-, vier-, fünf- und sechszylindrigen Aggregaten zur Verfügung. Mit dem neuen Kühlergesicht, der verchromten Büssing-Spinne, die von dem Ingenieur und Kunstmaler Ernst Neumann-Neander geschaffen worden war, erhielten die Büssing-Modelle eine einheitliche Identität.

Nachdem ab 1935 Frontlenker-Omnibusse mit innenstehendem Motor als sogenannte »Trambusse« einen weiteren Fortschritt einleiteten, präsentierte Büssing 1936 auf der Berliner Automobilausstellung den ersten Dreiachser-Frontlenker, der den Motor liegend unter dem Fahrersitz aufwies. Der sogenannte Schell-(Einheits-) Plan im Rahmen der Rüstungspolitik unterbrach jedoch die Serieneinführung der Omnibusse mit dem Unterflurmotor. Viele der einfacher zu bauenden Büssing-Trambusse aus dem Elbinger Karosserie-Werk hielten den Omnibusverkehr während des Krieges aufrecht.

Nach dem Ende des Krieges waren die Fertigungsstätten in Ostdeutschland und damit auch das Karosseriewerk nicht mehr verfügbar, so daß Büssing in Braunschweig zunächst nur Fahrgestelle bauen konnte, die von verschiedenen Karosserieherstellern im In- und später auch im Ausland aufgebaut wurden. Durch den Fortfall der ehemaligen NAG-Werke schied die AEG als Partnerin aus, so daß das Büssing-Unternehmen wieder den ursprünglichen Markennamen annahm.

1949 konnte Büssing auf der Technischen Exportmesse in Hannover den Typ 5000 TU mit zwischen den Achsen liegen-

130 PS Büssing Trambus TU 7 (1956).

210 PS Büssing Reisebus BS 110 GT (1970).

dem Motor vorführen. Ausgehend von diesem Fünftonner bot das Werk schon recht bald eine komplette Unterflur-Baureihe bis zum Zwölftonner mit drei Achsen an. Stadt-, Überland- und Reisebusse sowie Anderthalb- und Doppeldecker entstanden auf Büssing-Fahrgestellen. Auch konnten die Braunschweiger wieder einen hohen Exportanteil erreichen: In Europa, Afrika und in Südamerika erzielten die Fahrzeuge mit der Löwenmarke eine beachtliche Verbreitung. Dem Verbot des Mitführens von Anhängern begegnete das Werk mit dem Bau von Fahrgestellen für Gelenkfahrzeuge und Anderthalbdeckern.
Von den schweren Rahmenfahrgestellen ging man zum Verbundbau über, wobei extrem leichte Fahrgestelle an die Karossiers abgegeben wurden. Durch die Verbindung mit der aufgesetzten Karosserie entstand eine stabile Einheit. Diese Leichtbau-Technik ermöglichte einerseits den Übergang zum selbstragenden Omnibus, andererseits konnte Büssing in Ermangelung ausreichender Karosseriebau-Kapazitäten weiterhin modernste Unterbauten an die Aufbautenhersteller abgeben.
Mit dem Ausbau der eigenen Karosserieherstellung ging Büssing 1960 zur »Röhrenbauweise« über. Hierbei konnte der Motor zwischen den Achsen oder im Heck plaziert werden. Während die Stadt- und Überlandomnibusse vorwiegend aus der eigenen Komplettfertigung stammten, stieg die Firma Adolf Emmelmann in Hannover zum Hauskarossier mit hervorragend gefertigten Büssing-Reisebussen auf. Hinzu kam als weiteres Karosseriewerk die ehemalige Fahrzeugfabrik Hubertia in Küps, die von Büssing gepachtet wurde.
Letztmalig erneuerte das 1967 durch den Salzgitter-Konzern übernommene, nach Salzgitter direkt neben dem Linke-Hofmann-Busch-Werk (LHB) verlagerte Werk seine Omnibus-Modellreihe. Für den Stadt- und Überlandverkehr entstanden die kantigen, genormten VÖV-Stadt- bzw. StÜLB-Überlandverkehrs-Busse. Ebenfalls in kantiger Karosseriegestaltung erschien eine letzte Baureihe von Büssing- und Büssing-Emmelmann-Reisebussen, die mit zu den großartigsten deutschen Omnibus-Konstruktionen zählten.

Seit Anfang der sechziger Jahre kämpfte das Werk mit finanziellen Schwierigkeiten. Zwar dominierten die Büssing-Omnibusse im Kommunalverkehr; sie brachten in diesem schwierigen Geschäft jedoch keine Gewinne. Hinzu kam, daß die äußerst solide gefertigten Fahrzeuge überdurchschnittlich lange im Einsatz blieben und auch das Ersatzteilgeschäft wenig anregten. Andererseits war die Basis des Werkes nach den Verlusten durch den Zweiten Weltkrieg zu gering, um gegenüber den kapitalkräftigeren Konkurrenten zu bestehen. Das moderne Büssing-Werk ging daher Ende 1971 in den Besitz des MAN-Werkes über.

Dieser Nachbau des ersten Motor-Reisebusses von Heinrich Büssing entstand 1990/91 bei MAN.

Militärfahrzeuge, Omnibusse und Motoren verlassen das Werk nun unter dem Markennamen MAN. Unter diesen Buchstaben prangt jedoch nach wie vor das Büssing-Emblem mit dem welfischen Löwen, eine Reminiszenz an Heinrich Büssing, der diese unvergessene Marke zu Beginn des 20. Jahrhunderts ins Leben gerufen hatte.

Geheimer Baurat Dr.-Ing. E. h. Heinrich Büssing. Titelseite einer Jubiläumsschrift.

Heinrich Büssing betrieb anfangs eine eigene Buslinie, auf der seine Fahrzeuge erprobt wurden.

Standardlinie des Büssing-eigenen Omnibusbetriebes war die Strecke in den Harz. In vielen Werbeanzeigen standen das berühmte Torfhaus und ein Büssing-Omnibus im Mittelpunkt.

Braunschweig, 15. Juni 1870.
Heute eröffnete ich, Wolfenbüttlerstraße 37, eine

Maschinenbau-Anstalt,

und liefere ich alle in das Maschinenfach schlagende Artikel und Einrichtungen sowohl **neu**, wie ich auch **Reparaturen** an denselben übernehme.
Indem ich eine gediegene technische, sowie praktisch solide und prompt Ausführung der mir überlassenen Aufträge zusichere, halte ich mein neue Unternehmen bei Bedarf bestens empfohlen.

H. Büssing,
Civil-Ingenieur.

Als angenehmste und billigste Art, mit allen guten und neuesten Compositionen vertraut zu werden, empfehlen wir unser nach dem Muster anderer großer Städte äußerst reichhaltig ausgestattetes

Inserat aus dem Braunschweigischen Bilderbogen aus dem Jahre 1880.

Kraftomnibus - Verbindungen
im Harze.

Bad Harzburg (Bahnhof) – **Eichen** (Kurhaus) – **Radaufall.**
Bad Harzburg (Bahnhof) – **Torfhaus** – **Braunlage.**
Bad Harzburg (Bahnhof) – **Oker** – **Goslar** (Bahnhof).
Goslar (Bahnhof) – **Auerhahn** – **Bockswiese** – **Hahnenklee.**

Die umränderten Fahrten erfolgen im Juli und August regelmäßig, in den übrigen Monaten nur an Sonn- und Festtagen.

Änderungen vorbehalten.

Fahrpreise:

Harzburg (Bahnhof) oder Eichen-Torfhaus	1,50 M
" -Oderbrück	1,80 "
" -Königskrug	2,20 "
" -Braunlage	2,50 "
Radau-Wasserfall-Torfhaus	1,10 "
" -Oderbrück	1,50 "
" -Königskrug	1,80 "
" -Braunlage	2,20 "
Radau-Wasserfall-Braunlage	0,40 "
Torfhaus-Oderbrück	0,90 "
" -Königskrug	1,20 "
" -Braunlage	0,50 "
Oderbrück-Königskrug	0,90 "
" -Braunlage	0,40 "
Königskrug-Braunlage	

Lastwagen-Betriebsgesellschaft Braunschweig.

Automobil-Omnibus-Betriebs-Gesellschaft
Braunschweig.

Fahrplan
der Linie Wendeburg-Braunschweig.
Gültig ab 28. April 1904

5^{30}	9^{20}	5^{00}	ab	Wendeburg		an	8^{20}	3^{10}	9^{00}
5^{35}	9^{25}	5^{05}		Wendezelle			8^{15}	3^{05}	8^{55}
5^{50}	9^{40}	5^{20}		Bortfeld			8^{00}	2^{50}	8^{10}
6^{00}	9^{50}	5^{30}		Völkenrode			7^{50}	2^{40}	8^{30}
6^{10}	10^{00}	5^{40}		Watenbüttel			7^{40}	2^{30}	8^{20}
6^{25}	10^{15}	5^{55}		Oelper			7^{25}	2^{15}	8^{05}
6^{40}	10^{30}	6^{10}		Braunschweig	(Radeklint)		7^{15}	2^{05}	7^{55}
				"	(Riesenberg)		7^{10}	2^{00}	7^{50}
				"	(Markthalle)		7^{05}	1^{55}	7^{45}
6^{50}	10^{40}	6^{20}	an	"	(Post)	ab	7^{00}	1^{50}	

Es wird darauf hingewiesen, daß der Omnibus nur an den Haltestellen anhält und daß das **Auf- und Absteigen während der Fahrt** wegen der damit verbundenen **Lebensgefahr streng untersagt** ist.

H. Büssing, Braunschweig.

Zwischen klassischen Säulen und Jugendstilelementen zeigt dieses Inserat, erschienen kurz vor dem Ersten Weltkrieg, drei Büssing Überlandbusse. Im Ausland und beim Kaiserlichen Automobil-Corps errungene Siegestrophäen erhöhten das Image der jungen Firma.

Ebenfalls kurz vor Ausbruch des Ersten Weltkrieges erschien dieses Werbemotiv. Mit der Devise »Ich halte auf die größte Solidität!« hatte Heinrich Büssing in aller Welt Vertrauen gewinnen können.

Mit Stolz erinnerte Büssing 1933 an den ersten Sechsrad-Omnibus in Deutschland. Direktor Willy Staniewicz hatte seinerzeit die Idee zu diesem 55-PS-Typ mit zwei angetriebenen Hinterachsen gehabt.

10 Jahre BÜSSING Sechsrad-Wagen

Der erste BÜSSING-Sechsrad-Omnibus wurde an die Bayerischen Stickstoffwerke geliefert und versieht noch heute zuverlässig und regelmäßig seinen Dienst

1923

Zehn Jahre sind vergangen, seit der erste BÜSSING-Sechsradwagen — zugleich der erste serienmäßig hergestellte Sechsrad-Omnibus der Welt — das Braunschweiger Werk verließ.

Ein neuer Abschnitt einer Entwicklung, deren Ausmaß, Bedeutung und Zukunftsaussichten damals nur wenige Fachleute zu überschauen vermochten, wurde mit dieser Neukonstruktion für die Kraftverkehrstechnik der ganzen Welt eingeleitet. Der BÜSSING-Sechsradwagen trat einen förmlichen Siegeszug durch alle Länder der Erde an. Viele große Fabriken im Ausland, später auch in Deutschland, nahmen ebenfalls den Bau von Sechsradwagen auf; der Vorsprung aber, den BÜSSING durch seine gründlichen Erfahrungen und durch den patentamtlichen Schutz wichtiger Konstruktionsmerkmale gewonnen hatte, war nicht so leicht wieder einzuholen. Sechs Jahre später noch waren 98 % aller deutschen Sechsradwagen und 50% aller Sechsradwagen der Welt von BÜSSING gebaut.

Der Konstrukteur des BÜSSING-Dreiachsers, Direktor Staniewicz, war ursprünglich davon ausgegangen, den Nachteil der ungleichmäßigen Reifenabnutzung bei Zwillingsrädern durch die Anordnung zweier Achsen hintereinander zu beseitigen, von denen jedoch nur eine Achse angetrieben wurde. Diese Bauart, die viele Jahre später auch von einer ganzen Reihe anderer Fabriken angewendet wurde, hat sich jedoch in der Praxis nicht bewährt, und man ging sehr bald dazu über, beide Hinterachsen anzutreiben.

Die allgemeinen Vorzüge des Sechsradwagens mit zwei angetriebenen Hinterachsen sind so augenfällig, daß man nur ganz kurz darauf einzugehen braucht — die wirtschaftliche Ausnutzung der Maschinenleistung durch hohe Tragfähigkeit und große Ladefläche, die ausgezeichnete Gewichtsverteilung, die ruhige und ausgeglichene Federung bei breiter Federspur und die absolute Fahrsicherheit auch auf schlechten und schlüpfrigen Straßen.

Das Hauptmerkmal des BÜSSING-Dreiachsers ist der getrennte Antrieb der beiden Hinterachsen über ein Verteilergetriebe und zwei Antriebswellen; jede der beiden Achsen steht mit dem Rahmen direkt durch ein Kardan-Schubrohr und Druckkugel in Verbindung. Alle beim Anfahren und Bremsen auftretenden Kraftmomente werden bei der Büssing-Konstruktion durch die als Wagebalken wirkenden Federn untereinander ausgeglichen und gleichmäßig

Der Motor des HAWA-Omnibusses war außerordentlich leicht demontierbar: Er saß in einem Hilfsgestell, das ausgeschwenkt werden konnte.

Blick in das Innere des HAWA-Omnibusses, der die seitliche Anordnung des stehenden Motors und den gekrümmten Rahmen zeigt.

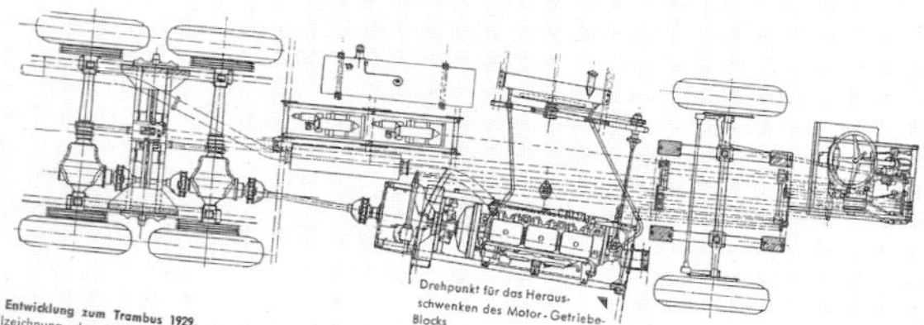

Die erste Entwicklung zum Trambus 1929.
Fahrgestellzeichnung des HAWA-Omnibusses, die interessante Einzelheiten, wie z. B. den Antrieb der beiden Hinterachsen und des Kühlventilators, zeigt. Stehender 6-Zylinder-Otto-Motor seitlich im Fahrzeug angeordnet.

Modernste Technik nach amerikanischem Vorbild: Der Büssing VI Gr mit einer Karosserie von der Hannoverschen Waggonfabrik (HAWA) war ein Frontlenker mit selbsttragendem Aufbau. Der ausschwenkbare 90-PS-Motor befand sich unter einer Sitzgruppe.

Titelbild eines Prospektes von 1931: Büssing war jetzt mit NAG vereint.

Durch das Zusammengehen mit der Firma NAG hatte Büssing eine Modellpalette, die eine Abdeckung aller Leistungsklassen brachte. Von NAG kamen die kleineren Modelle, Büssing komplettierte das Programm mit den Großmodellen bis zum Dreiachser. Der Typ 80 N als Großstadt-Omnibus besaß ein Fanggitter.

21 FEB 33.

Der neue BÜSSING-NAG Dreiachs-Omnibus Typ 80N FDo

Die Maschinenanlage

mit einer Kraftentfaltung von 320 PS zeichnet den neuen BÜSSING-NAG Dreiachs-Omnibus als ein Fahrzeug von ganz außergewöhnlich hoher Leistung aus. Die Aufgabe, die mit der Konstruktion dieses Fahrgestells in geradezu vorbildlicher Weise gelöst worden ist, bestand in der Schaffung eines neuen Typs von Fernreise-Omnibussen, die über weite Strecken im Überlandverkehr auch in gebirgigen Landschaften eine hohe Reisegeschwindigkeit durchhalten können. Der neue BÜSSING-NAG Dreiachser erreicht ohne Rücksicht auf Steigungen und Gefälle, ohne Überanstrengung seiner Motoren und ohne Verzicht auf Sicherheit und Wirtschaftlichkeit im Betrieb eine Durchschnittsgeschwindigkeit von 80 km/Std., also ein Reisetempo, wie man es bisher im Omnibus-Überlandverkehr nicht gekannt hat. Mit dieser Leistung ist der neue BÜSSING-NAG Typ richtunggebend und von überragender Bedeutung für die Entwicklung des modernen Schnellverkehrs in naher Zukunft.

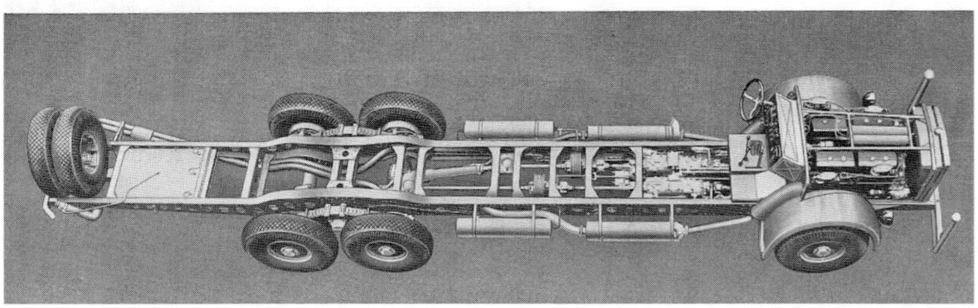

Eine Meisterleistung der Büssing-Ingenieure war die Konstruktion des Dreiachsers »Fichtelberg«. Der 12,4 Meter lange Bus ließ sich von zwei parallel angeordneten 160-PS-Motoren bis zu 100 km/h beschleunigen. Die Bedienung des Fahrzeugs ohne Lenkhilfe und ohne regeltechnische Synchronisation der Motoren war äußerst schwierig.

Ein Prospekt von 1938. Ideale Standardtypen im mittleren Segment bildeten die Versionen 275 und 300. Ein Sechszylindermotor mit 70/80 PS gab den 25- bis 33-sitzigen Omnibussen genügend Antriebskraft. Hohen Luxus stellte die Frischluft-Heizung dar.

Ein für den Großstadtverkehr bestimmter BÜSSING-NAG Trambus Typ 650 mit Unterflur-Dieselmotor

Der Sitz des Wagenführers und die Anordnung der Bedienungsorgane in dem links gezeigten Zweiachs-Trambus

Schematische Darstellung des Niederrahmen-Fahrgestells mit Aufbau

Das Niederrahmen-Fahrgestell für den dreiachsigen Großraum-Trambus

Parallel zum Trambus mit stehendem Motor entwickelte Büssing 1936 den Trambus mit liegendem Unterflur-Dieselmotor (zunächst unter dem Fahrersitz). Die Karosserie mit den vom Büssing-Stabgitter verdeckten Scheinwerfern stammte aus dem Werk »Osten« in Elbing.

Leistungen und Abmessungen

Motortyp	UD 6	Leistung	140 PS
Bohrung	135 mm	Hub	160 mm
Zylinderzahl	6	Zylinder-Inhalt	13,74 Ltr.
Brennstoffverbrauch auf 100 km	etwa 38–40 kg	Ölverbrauch auf 100 km	etwa 1 kg
Normalgeschwindigkeit im 4. Gang	37,5 km/St.	Geschwindigkeit mit Schnellgang	65 km/St.
Höchstgeschwindigkeit mit Schnellgang	75 km/St.	Steigvermögen im 1. Gang	26 %
Tragfähigkeit der Bereifung 12,00–20	9000 kg	Tragfähigkeit bei Bereifung 12,75–20	11000 kg
Achsstand	4800+1450 mm	Überhang	2700 mm
Gesamtlänge	11600 mm	Gesamtbreite	2500 mm
Fahrgestellgewicht einschließlich Zubehör	7400 kg		

Aufbauten

Der BÜSSING-NAG Dreiachs-Trambus erhält ein neues, der Formgebung des Wagens angepaßtes und dem Geschmack unserer Zeit entsprechendes Gesicht, das verchromte Stabgitter in der Stirnwand vor dem Kühler. Mit der Ausführung der Aufbauten werden leistungsfähige und über umfassende Erfahrungen auf diesem Gebiet verfügende Spezialfirmen beauftragt, so daß die besonderen Wünsche des Käufers durchaus berücksichtigt werden können. Unsere Bilder von Sitzanordnungen sollen in erster Linie als Anregung dienen, und die vollkommene Raumausnutzung durch die BÜSSING-NAG Trambus-Bauart zeigen.

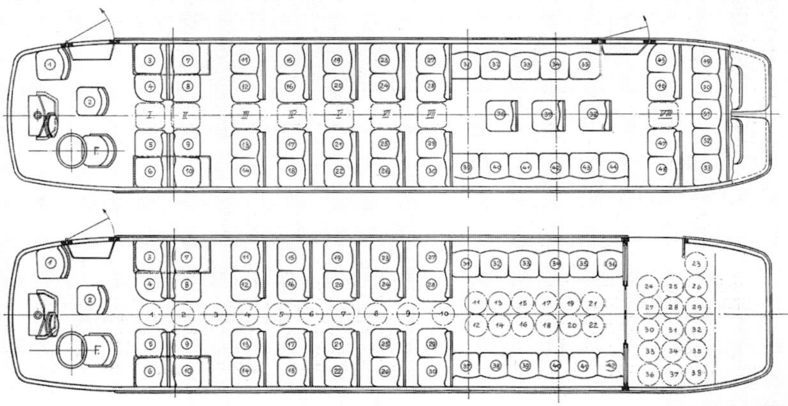

Als zweiten Prototyp mit dem 140-PS-Unterflur-Diesel baute Büssing 1936 zusammen mit dem DÜWAG-Werk den Typ 900 TU. Der Prospekttitel zeigt ein Phantasie-Stromlinienmodell mit einer einzigen schmalen Tür!

Der dreiachsige BÜSSING-NAG Trambus

Der Löwe des Welfenherrschers Heinrich besaß die Tugenden Kraft, Treue, Genügsamkeit und Zähigkeit. So auch die Serie Burglöwe, von der es Fahrzeuge in sechs Varianten gab, als Bus 25/ON (28 Sitzplätze) letztmalig 1936 mit einem 65 PS starken Vergasermotor.

BURGLÖWE TYP 25/ON

Abmessungen und Leistungen

	Motorleistung PS	Nutzlast kg	Fahrgestelltragfähigkeit kg	Achsstand mm	Überhang mm	Ladefläche mm	Bereifung
„BURGLÖWE" Typ 15	45	1500	2200	3700	1050	3000 × 1700	Vorn 7,00—20 extra Hinten 7,00—20 extra
„BURGLÖWE" Typ 20	45	2000	2800	3700	1350	3300 × 2000	Vorn 6,00—20 T Hinten 6,00—20 T doppelt
„BURGLÖWE" Typ 20 L	45	2000	3000	4000	1350	3600 × 2000	Vorn 6,00—20 T Hinten 6,00—20 T doppelt
„BURGLÖWE" Typ 25	45	2500	3500	4350	1350	4000 × 2000	Vorn 6,50—20 T Hinten 6,50—20 T doppelt
„BURGLÖWE" Typ 25 L	65	2500	3500	4700	1500	4500 × 2000	Vorn 6,50—20 T Hinten 6,50—20 T doppelt
„BURGLÖWE" Typ 25/ON	65	25—28 Sitze	3500	4700	1900		Vorn 7,00—20 T Hinten 7,00—20 T doppelt

Konstruktionsverbesserungen und Änderungen der Abmessungen bleiben vorbehalten.

BÜSSING-NAG Vereinigte Nutzkraftwagen A. G. **BRAUNSCHWEIG**

VEREINIGTE NUTZKRAFTWAGEN AKTIENGESELLSCHAFT BRAUNSCHWEIG

Typ 900 N mit Diesel-Motor GD 6

Technische Einzelheiten des Fahrgestells:

Motor	6 Zylinder, je 3 im Block
Bohrung	130 mm
Hub	170 mm
Hubvolumen	13,5 Ltr.
Drehzahl	1500/1600 Umdr./Min.
Leistung	135/145 PS
Ventile	von oben gesteuert
Ventilsteuerung	durch Stangen und Kipphebel
Einspritzung	durch Bosch-Brennstoffpumpe
Schmierung	DruckumlaufdurchPumpe mit großem, leicht auszubauendem Ölreiniger
Kolben	Leichtmetall
Wasserumlauf	durch Zentrifugalpumpe
Kühler	6 auswechselbare Hochleistungselemente
Zylinderkopf	abnehmbar
Drehzahlregler	zweistufig, Zentrifugalsystem
Luftreiniger	2 große Luftfilter
Brennstoffreiniger	Feinfilter
Brennstoffzufuhr	automatisch durch Brennstoffpumpe
Brennstoffbehälter	rechtsseitlich, Inh. 200 Ltr.
Mittl. Brennstoffverbrauch pro 100 km	etwa 38 kg, auf ebener, trockener Straße und mit normaler Belastung
Mittl. Ölverbrauch pro 100 km	etwa 1 kg
Kupplung	Zweischeiben-Kupplung

Getriebe	vom Motor getrennt angeordnet
Anzahl der Gänge	4 Vorwärts-, 1 Rückwärts-, auf Wunsch Schnellgang
Schalthebel	Kugelschaltung in der Mitte angeordnet
Kraftübertragung	durch Zwischenwelle
Schubübertragung	durch Schubrohr und Schubkugel
Vorderachse	Faustachse, Doppel-T-Profil
Lenkung	Schneckenlenkung, linksseitig
Lenkradius	10,7 m / 12 m / 12,8 m
Rahmen	Niederrahmen aus gepreßtem Stahlblech, Spezial-Profil
Federung	kräftige, lange Halbelliptikfedern vorn und hinten
Sechsradbremse 2 Handbremsen, auf je 1 Hinterachse	Druckluftsystem KNORR
Hinterachse	doppelt untersetzt, völlig entlastete Achswellen
Räder	+ G F + Simplex-Stahlgußspeichenräder mit abnehmbaren Felgen
Bereifung	Riesenluftreifen, einfach 12,75/13,50 — 20 extra

	ohne Schnellgang km/Std.	km/Std.	mit Schnellgang km/Std.	km/Std.
Fahrgeschwindigkeit	40	52	56	65
Steigfähigkeit ohne Anhänger	21%	15%	27%	22,5%

Das optimierte Dreiachsfahrgestell konnte ab 1937 in einer Niederrahmenausführung geliefert werden. Für den Aufbau von Großraum-Karosserien bot sich das mit einem 145-PS-Dieselmotor ausgestattete Fahrgestell an.

1937 stand die Trambus-Serie 300 T, 350 T und 400 T zur Verfügung. Ein mit viel Dynamik gestalteter Prospekt.

Verschiedene praktische Aufbau-Ausführungen mit 24 bis 35 Sitzplätzen auf BÜSSING-NAG Trambus-Fahrgestellen mit 65 PS Vierzylinder- und 80 PS Fünfzylinder-Dieselmotoren.

Das BÜSSING-NAG Trambus-Fahrgestell Typ 400/T mit 95 PS Sechszylinder-Dieselmotor mit zweckmäßigen und besonders schönen Aufbauten für Stadt-, Ausflugs- und Reiseverkehr.

Für die 1937er Trambus-Serie 300 T, 350 T und 400 T standen Dieselmotoren mit 4, 5 und 6 Zylindern und Leistungen von 65, 80 und 95 PS zur Verfügung. Die Aufbauten galten in ihrer Form und Farbgebung als sehr modern.

Mit den Argumenten »bessere Sicht, größere Wendigkeit und bessere Raumausnutzung« warb dieser Prospekt von 1938 für das Büssing Trambus-Konzept.

Technisches vom BÜSSING-NAG Trambus

500 T

Der bewährte 100 PS BÜSSING-NAG Sechszylinder-Dieselmotor ist beim Trambus Typ 500 T mit Kupplung und Fünfgang-Getriebe zu einem Block zusammengefaßt, der in drei Punkten auf Gummipolstern im Rahmen gebettet ist. Der 5. Gang ist als Schnellgang ausgebildet. Die Hinterachse ist doppelt untersetzt. Die banjoförmige, aus einem Stück gearbeitete Hinterachsbrücke überträgt das Fahrzeuggewicht unmittelbar auf die in Kegelrollenlagern geführten Hinterräder. Die hinteren Federn sind in wartungsfreien Abwälzlagern gebettet. Zusatzfedern fangen alle besonders heftigen Stöße ab. Die Schubkräfte werden durch Schubrohr und Druckkugel auf den Rahmen übertragen. Die Druckluft-Öldruck-Vierradbremse gewährleistet sichere Beherrschung des schnellen Fahrzeugs in jeder Verkehrslage. Die feststellbare Handbremse wirkt auf eine Trommel hinter dem Getriebe. Die Lenkung und alle Bedienungsorgane sind vorn unmittelbar hinter der Stirnwand des Fahrzeugs links vom Motor angeordnet. Die indirekt beleuchtete Instrumententafel faßt Geschwindigkeitsmesser, Tages- und Kilometerzähler, Kühler-Fernthermometer, Achttage-Uhr, Luft- und Öldruckanzeiger übersichtlich zusammen.

650 T

Der 135/145 PS BÜSSING-NAG Sechszylinder-Dieselmotor gibt dem Trambus Typ 650 T eine Kraftreserve, die nur äußerst selten voll ausgenutzt zu werden braucht. Er läßt sich nach Lösung der entsprechenden Verbindungen zusammen mit dem Kühler nach vorn aus dem Wagenkörper herausfahren. Der Kühler setzt sich aus sieben auswechselbaren Elementen zusammen. Das Fünfgang-Getriebe, dessen 5. Gang als Schnell- oder Schongang ausgebildet ist, ruht unabhängig vom Motor ebenso wie dieser in Dreipunktaufhängung im Rahmen. Zur Schonung der Kraftübertragung ist dem Ausgleichgetriebe eine zusätzliche Untersetzung vorgelagert. Die Aufnahme aller beim Anfahren, Beschleunigen und Bremsen auftretenden Kräfte erfolgt durch Schubrohr und Druckkugel; diese Anordnung ermöglicht die Bettung der von allen unerwünschten Beanspruchungen entlasteten Hinterfedern in wartungsfreien Abwälzlagern. Eine kombinierte Druckluft-Öldruck-Bremse mit selbsttätigem Ausgleich gewährleistet gleichmäßiges und nachhaltiges Angreifen der Bremskraft auf alle vier Räder. Ein Zentral-Eindruck-Schmiersystem ergänzt die sorgfältig durchdachte und vollkommene Ausrüstung des großen Trambus.

Technische Details des modernen Büssing Trambus Sechszylinder 500 T bzw. 650 T.

	Motorleistung PS	Zylinderzahl	Zylinderinhalt Ltr.	Kraftstoffnormverbrauch Ltr.
500-T	100	6	7,4	22
650-T	135/145	6	13,5	30

	Ölverbrauch Ltr.	Fahrgestelltragfähigkeit kg	Achsstand mm
500-T	1	6000	4500
650-T	1,2	9000	5400

	Gesamtlänge mm	Gesamtbreite mm	Wendekreis-Halbmesser mm	Geschwindigkeit km/St. normal	Geschwindigkeit km/St. mit Schnellgang
500-T	8 675	2315	8 750	57	76
650-T	10 150	2500	10 000	45	68

BÜSSING-NAG VEREINIGTE NUTZKRAFTWAGEN AKTIENGESELLSCHAFT BRAUNSCHWEIG

Rücktitel des 1938er Trambus-Prospekts mit einigen technischen Basisdaten. Eine Vielfalt von Aufbauten stand zur Wahl.

Ein Nutzfahrzeugprospekt aus der ganz frühen Nachkriegszeit. Karosserien aus dem Elbinger Werk standen Büssing nun nicht mehr zur Verfügung.

In diesem Nachkriegsprospekt stellte Büssing-NAG den Lkw 5000 S und den Trambus 5000 T als »Bezwinger der heutigen Verkehrsnot« vor.

Ein weiterer Prospekt, den Büssing 1947 drucken ließ. Die mit einer gefütterten Matte überzogene Motorabdeckung war in kalter Jahreszeit ein beliebter Sitzplatz der Schulkinder.

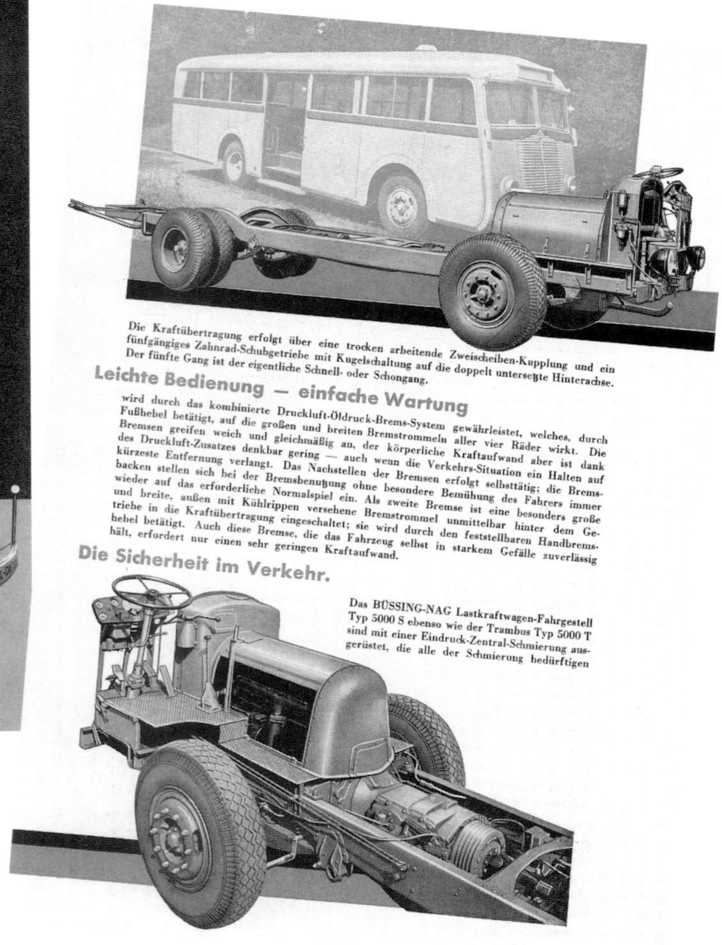

Die Kraftübertragung erfolgt über eine trocken arbeitende Zweischeiben-Kupplung und ein
fünfgängiges Zahnrad-Schubgetriebe mit Kugelschaltung auf die doppelt untersetzte Hinterachse.
Der fünfte Gang ist der eigentliche Schnell- oder Schongang.

Leichte Bedienung — einfache Wartung

wird durch das kombinierte Druckluft-Öldruck-Brems-System gewährleistet, welches, durch
Fußhebel betätigt, auf die großen und breiten Bremstrommeln aller vier Räder wirkt. Die
Bremsen greifen weich und gleichmäßig an, der körperliche Kraftaufwand aber ist dank
des Druckluft-Zusatzes denkbar gering — auch wenn die Verkehrs-Situation ein Halten auf
kürzeste Entfernung verlangt. Das Nachstellen der Bremsen erfolgt selbsttätig; die Brems-
backen stellen sich bei der Bremsbenutzung ohne besondere Bemühung des Fahrers immer
wieder auf das erforderliche Normalspiel ein. Als zweite Bremse ist eine besonders große
und breite, außen mit Kühlrippen versehene Bremstrommel unmittelbar hinter dem Ge-
triebe in die Kraftübertragung eingeschaltet; sie wird durch den feststellbaren Handbrems-
hebel betätigt. Auch diese Bremse, die das Fahrzeug selbst in starkem Gefälle zuverlässig
hält, erfordert nur einen sehr geringen Kraftaufwand.

Die Sicherheit im Verkehr.

Das BÜSSING-NAG Lastkraftwagen-Fahrgestell
Typ 5000 S ebenso wie der Trambus Typ 5000 T
sind mit einer Eindruck-Zentral-Schmierung aus-
gerüstet, die alle der Schmierung bedürftigen

1951: Die Zeit des Wirtschaftswunders hatte in Deutschland begonnen. Auch bei Büssing ging es bergauf. Der Innenraum und die äußere Gestaltung des 5000 TU glänzten mit üppigem Chromzierat.

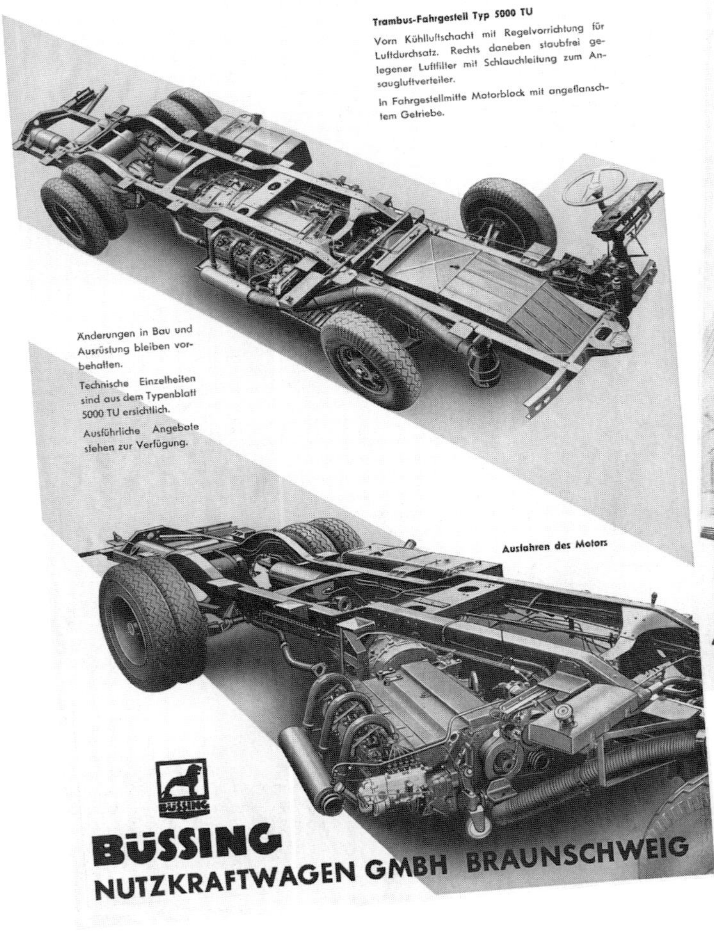

Der Motor lag ausschwenkbar rechts am Rahmen, die Kühlanlage war über der Vorderachse liegend zwischen den Rahmenträgern angebracht. Das 1936 eingeführte Unterflur-Konzept mit dem freien Wagenboden als »verdienende Fläche« war inzwischen serienreif geworden.

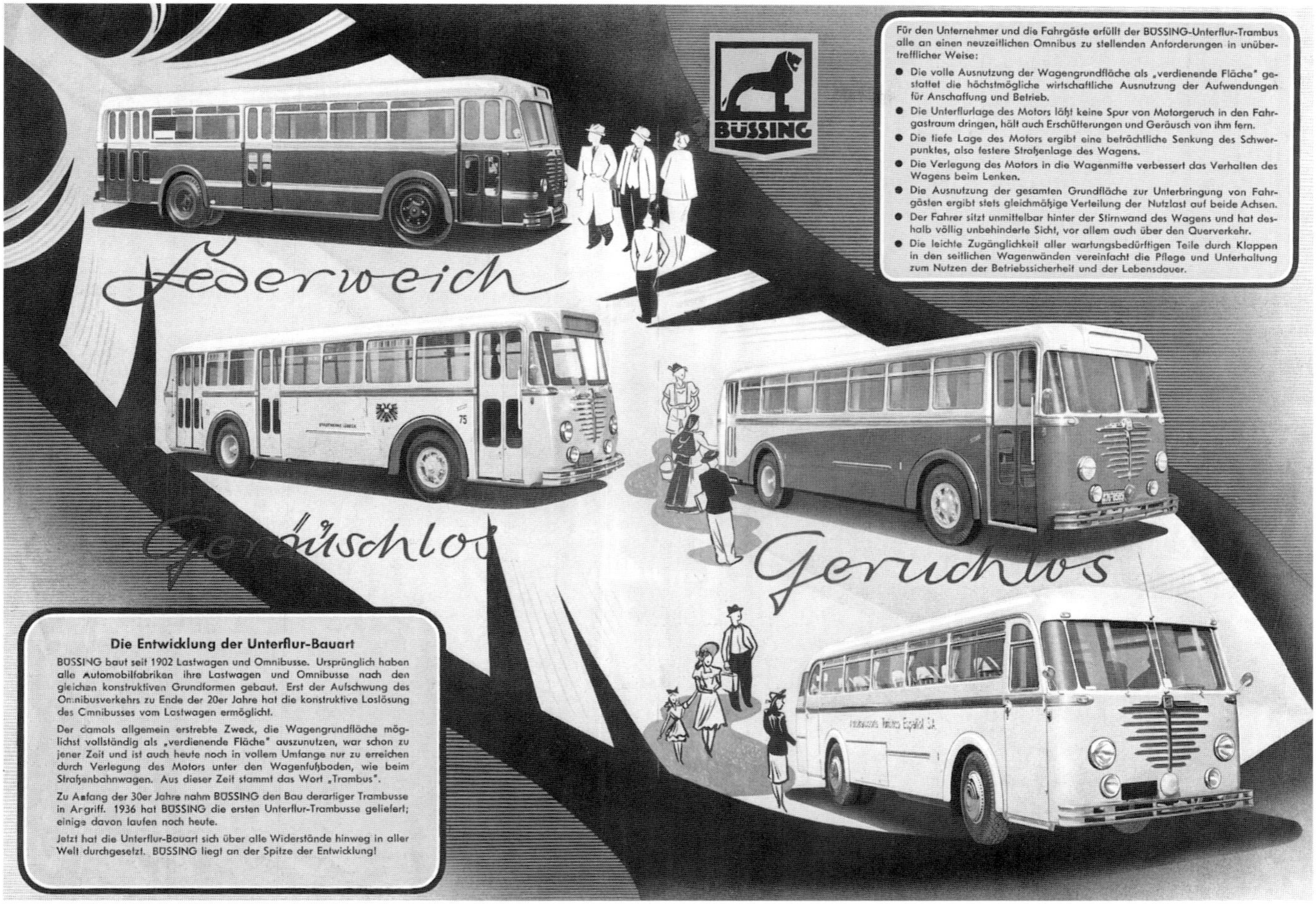

Die Vorteile der Unterflur-Bauweise und die Formschönheit der Omnibusse waren die Aussage dieses 1951er Büssing-Prospektes.

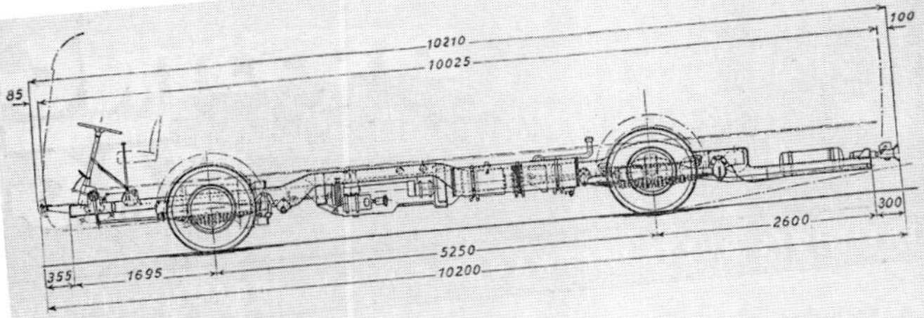

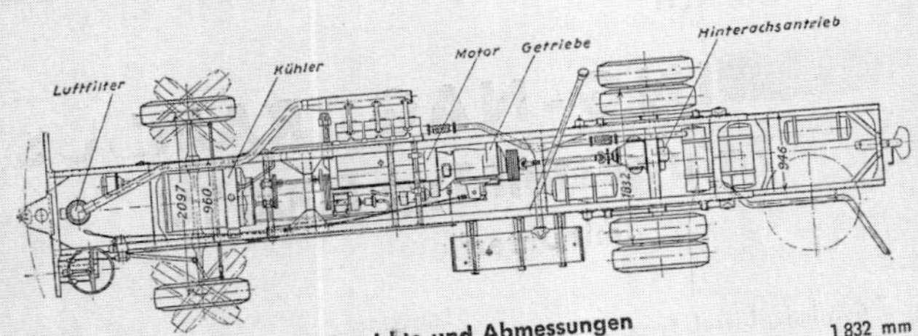

Gewichte und Abmessungen

Fahrgestell-Gewicht	4700 kg	Spurweite hinten	1 832 mm
Fahrgestell-Tragfähigkeit	7 300 kg	Gesamtlänge des Fahrgestells	10 210 mm
Gesamtgewicht	12 000 kg	Gesamtbreite des Fahrgestells	2 455 mm
Spurkreis	18 000 mm	Rahmenhöhe des Fahrgestells in beladenem Zustand	715 mm
Radstand	5 250 mm		
Spurweite vorn	2 097 mm		

Geschwindigkeiten und Steigvermögen

Betriebsart	Anhänger	Hinterachse	Gewicht kg	1. Gang 6,2 km	1. Gang 6,2 %	2. Gang 3,2 km	2. Gang 3,2 %	3. Gang 1,75 km	3. Gang 1,75 %	4. Gang 1 km	4. Gang 1 %	Schnellgang km	Schnellgang %
Überland	ohne	7,1	10 000	8,9	32,8	17,2	16	31,3	7,95	55	3,63	84,6	1,67
"	mit	7,1	17 500	8,9	18,0	17,2	8,3	31,3	3,67	55	1,22	84,6	0,1
"	ohne	7,8	10 000	8	36,8	15,6	18	28,6	8,9	50	4,2	77	2
"	mit	7,8	17 500	8	20,5	15,6	9,4	28,6	4,2	50	1,55	77	0,3
"	ohne	8,6	10 000	7,3	40,5	14,2	19,8	26	9,95	45,4	4,8	70	2,45
"	mit	8,6	17 500	7,3	22,2	14,2	10,5	26	4,8	45,4	1,92	70	0,52
Stadt	ohne	8,6	12 000	7,3	33,3	14,2	16,2	26	7,9	45,4	3,7	70	1,7
"	mit	8,6	19 500	7,3	19,8	14,2	9,2	26	4,1	45,4	1,5	70	0,27

Kraftstoffnormverbrauch
etwa 22 Ltr./100 km

Ölverbrauch
etwa 0,6 Ltr./100 km

Ausrüstung und Zubehör

600-Watt-Lichtmaschine und 6-PS-Anlasser, 2 Batterien von je 162 A/h, Schaltbrettbeleuchtung (Flutlicht), Bremsschlußlicht als Nummernschildbeleuchtung und 2. Schlußlicht, Kühlwasser-Fernthermometer, Reifenfüllanlage, Signalhorn, Abschleppvorrichtung vorn, unfallsichere Anhängekupplung hinten, Bremsanschluß für Anhänger, Zeitwegschreiber, Warmwasserheizungsanschluß, Entfrostungsanschluß, Reserverad mit Reifen, Wagenheber, Werkzeug, Zubehör und Vorratsteile

Die Angaben verstehen sich mit den üblichen Toleranzen
Änderungen vorbehalten

BÜSSING NAG

VEREINIGTE NUTZKRAFTWAGEN G. M. B. H. · BRAUNSCHWEIG

TYPENBLATT:

BÜSSING-NAG TRAMBUS
Fahrgestell Typ 5000 TU
mit Unterflurmotor

Motor
6-Zylinder-Diesel, Typ U 9,
Bohrung 115 mm,
Hub 140 mm,
Zylinder-Inhalt 8,75 Ltr.,
Drehzahl 2000 Umdr./min.,
Leistung 135 PS,
mit Wasserkühlung,
Druck-Umlaufschmierung,
Luftfilter,
Öl- und Kraftstoff-Feinfilter,
Kraftstoffzuführung durch
Kolbenpumpe

Hochleistungskühlung
automatischer Temperaturregler

Kupplung
Einscheiben-Trockenkupplung

Getriebe
Stirnrädergetriebe mit 5 Vorwärtsgängen und 1 Rückwärtsgang

Kraftübertragung
Rohrwelle mit Rollengelenken

Hinterachse
Doppeluntersetzung
Kegel- und Stirnräder

Lenkung
Schnecken-Lenkung,
linksseitig angeordnet

Fahrgestellrahmen
Trambus-Niederrahmen aus
Preßstahl

Federung
Halbelliptikfedern, an der Hinterachse
mit zusätzlichen Stützfedern

Bremsen
Fuß: Druckluft-Öldruck-Vierradbremse,
Hand: feststellbare Getriebebremse,
Anhängerbremsanschluß

Räder
Trilex-Speichenräder

Bereifung
11,00 — 20 e.H.D.
vorn einfach, hinten doppelt

Eindruck-Zentralschmierung

Kraftstoffbehälter
200 Ltr. Inhalt

Den Aufbautenhersteller interessierte vor allem das Typenblatt mit den technischen Daten. Durch unterschiedliche Hinterachsübersetzungen ließen sich verschieden hohe Geschwindigkeiten erzielen.

Letztmalig erschienen 1952 Büssing-Sechsradwagen als Typen 12000 T. Für einige Reisebusse und für 39 Berliner Doppeldecker kam dieses Fahrgestell mit dem gewaltigen 180-PS-Unterflurdiesel zum Einsatz.

30 Jahre BÜSSING-DREIACHSER

Der BÜSSING-Dreiachswagen als Lastkraftwagen mit großem Laderaum und einem auf den Fernfahrerbetrieb zugeschnittenen Führerhaus.

Berlin verfügt bereits wieder über eine größere Anzahl BÜSSING-Dreiachs-Doppeldecker, die im dortigen Straßenbild keine ungewohnte Erscheinung mehr sind.

Oben: Einer der neuen BÜSSING-Dreiachs-Trambusse mit Unterflurmotor U 13 in Stadtausführung.

Rechts: Ein Blick in das Innere des BÜSSING-Dreiachs-Trambus mit Unterflurmotor läßt Aufteilung und Geräumigkeit dieser Stadtausführung erkennen. Auf bequeme Sitze (Schaumgummi) legt BÜSSING schon seit langem besonderen Wert. (Werkbilder)

Büssing Trambusse 1947 – 1953

Ein einheitliches Konzept hatte sich durchgesetzt: Der Omnibus mit dem Unterflurmotor für den Stadt-, den Überlandlinien- sowie für den Reiseverkehr. Büssing betonte, daß hier das MW- und UKW-Rundfunkgerät zur Ausstattung gehörte.

DER TRAMBUS FÜR DEN STADTLINIENVERKEHR
ist für Kurzstreckenfahrer und lebhaften Fahrgastwechsel bestimmt. Daher tiefliegende Plattform und hoher Anteil an Stehplätzen. Gesamtfassungsvermögen: rund 70 Fahrgäste. Türanordnungen: Normalausführung eine Falttür vor der Vorderachse (ggf. für Einmannbetrieb) und Doppelfalttür an der Plattform. Für besonders hohe Anforderungen dritte Falttür vor der Hinterachse. In dieser Form ist der Wagen besonders geeignet für Fahrgastfluß, auch für nachträgliche Anpassung an diese Betriebsform.

DER TRAMBUS FÜR DEN ÜBERLANDLINIENVERKEHR
ist für überwiegende Benutzung durch Langstreckenfahrer bei weniger großem Fahrgastwechsel bestimmt. Er bietet den Fahrgästen in größerem Umfange bequeme Sitzgelegenheit. Die BÜSSING-Trambusse für Überlandverkehr haben in normaler Ausführung 43 - 50 Sitzplätze. Je nach der Verkehrsart und den Wünschen des Bestellers erhalten sie Dreh- oder Falttüren. Für besondere Zwecke kann die Zahl der Sitzplätze durch Klappsitze bis auf 60 gesteigert werden.

DER TRAMBUS FÜR DEN REISEVERKEHR
ist für ausschließliche Benutzung durch Ganzstreckenfahrgäste ohne jeglichen Fahrgastwechsel bestimmt. Da die Wagen überwiegend auf Langstrecken und für Fernreisen verwandt werden, erhalten sie eine reichere Ausstattung mit weitgehender Rücksichtnahme auf die Bequemlichkeit. Dazu gehören: beste Polsterung der Sitze, verstellbare Rückenlehnen, Dachrand- und Heckverglasung, auf Wunsch Leselampen und Klapptische, Waschraum sowie Einrichtungen für Rundfunkempfang und Verpflegung der Fahrgäste, Schiebedach und Gepäckbrücke.

Immer wieder wies die Büssing-Werbung auf die revolutionäre Unterflur-Bauweise hin. Die erste Tür vor der Vorderachse ermöglichte die Einmann-Bedienung durch den Fahrer; jedoch auch die Lauf- oder Sitzschaffner-Bedienung war möglich (1953).

Vor winterlicher Kulisse zeigt sich dieser 6000 T-Omnibus im Reiseverkehr. Ein Prospekt aus dem Jahre 1953.

Dieser 1953 erschienene Prospekt warb für den Dreiachser mit beiden angetriebenen Hinterachsen. Das Interesse an diesem schweren und teuren Fahrzeug blieb indes geringer.

DER TRAMBUS FÜR DEN REISEVERKEHR

Die Reisewagen unterscheiden sich von den Überlandlinienwagen im wesentlichen nur durch die Ausstattung. Auch in dieser Beziehung kann unser eigenes Karosseriewerk alle Ansprüche befriedigen. Wir bauen Wagen bis zur reichsten Luxusausstattung: Sitze mit verstellbaren Lehnen, Eisschrank, Anrichte mit vollständiger Geschirrausstattung, Radio, Waschraum usw.

Die Annehmlichkeit der vorzüglichen fahrtechnischen Eigenschaften des Unterflur-Trambusses zeigt sich auf langen Reisefahrten am deutlichsten.

Büssing Omnibusse in Farbe

Im Jahre 1936 bot Büssing-NAG ein lückenloses Programm an; vom kleinen Typ 200 bis zum großen Dreiachser 802 N reichte die Palette. Als Ein- und Doppeldecker für den Kommunalverkehr und als Eindecker für den Reiseverkehr bildete der Sechsradwagen das Topmodell.

Rückblick: Der Graphiker präsentierte 1935 den geplanten Büssing-NAG-Omnibus für den Reichs-Autobahn-Verkehr in flotter Fahrt, mit Rechtslenkung und ohne Türen. Das in Berlin ausgestellte Fahrgestell besaß zwei Motoren, der vordere trieb die dritte, der im Heck die zweite Achse an.

Diese Büssing-Graphik warb 1953 für den Unterflur-Omnibus 5000 TU in amerikanisch anmutender Karosseriegestaltung. Die Kühlanlage mit Doppellüftern war zwischen den Achsen gegenüber dem Motor plaziert.

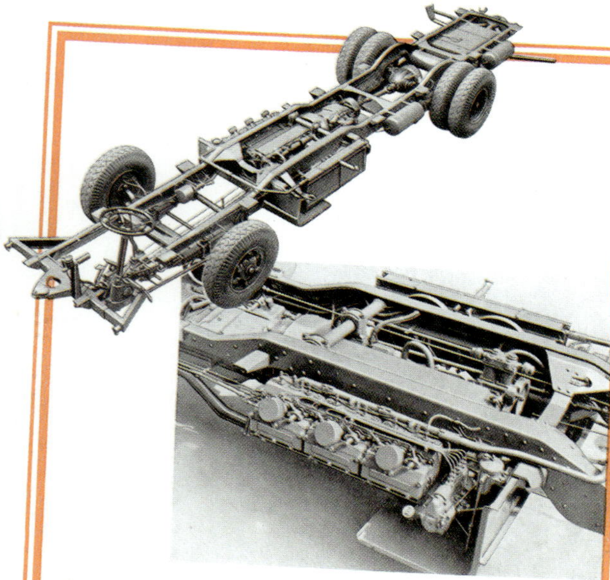

Nach langjährigem Studium und sorgfältiger Erprobung haben die BÜSSING-NAG-Werke den **Trambus Typ 5000 TU mit Unterflurmotor** in das Fabrikationsprogramm aufgenommen.

Er ist der Trambus, den Kraftverkehrsgesellschaften für den Stadt- und Landverkehr, Großbetriebe für den Werksverkehr und Reiseunternehmen für den Überlandverkehr wünschen, da er allen Anforderungen an Wirtschaftlichkeit, Zuverlässigkeit im Dauerbetrieb bei hohen Kilometerleistungen und der Fahrsicherheit entspricht. Durch Einbau des Motors mit Triebwerk unterhalb des Fahrzeugrahmens wurde erreicht: restlose Raumausnutzung der Gesamtfahrzeuglänge für bequeme Fahrgast-Unterbringung, was ebenso wichtig für den Großstadt- wie Überlandverkehr ist; gute Fahreigenschaften durch tiefe Schwerpunktlage; geringe Einsteighöhe. Das gefällige Äußere und die geschmackvolle Innenausstattung laden zur Fahrt ein. Stadtfahrzeuge, hinten mit Stehperron, werden auf Wunsch geliefert.

Der Unterflurmotor Typ U 9, dem Zweck der horizontalen Lage angepaßt, Zylinder in Reihenanordnung ausgeführt, mit drei Zylinderköpfen, 7-fach gelagerter, in Bleibronzelagern laufender Kurbelwelle, leicht zugänglich, erzielt die hohe Leistung von 135 PS bei geringem Kraftstoff- und Ölverbrauch infolge verbrennungstechnischer Verbesserung durch besondere Durchbildung des bewährten Vorkammerverfahrens.

Die kombinierte Luftdruck-Öldruckbremse wirkt auf alle vier Räder und wird ergänzt durch die Haltebremse, die eine Getriebebremse besonderer Ausführung ist.

Details vom Unterflur-Trambus 5000 TU in einem Büssing-Prospekt von 1953. Der Motor leistete 135 PS.

Mondäne Kleidung und Modehund: Menschen von Welt benutzen den Verbundbau-Trambus 4000 T! Die Winker waren modernen Blinkleuchten gewichen, und eine Lenkradschaltung entsprach dem aktuellen Stand der Technik.

Auf der Basis des Typs 6500 T entstanden ab 1952 wieder Doppelstock-Omnibusse, vor allem für die West-Berliner BVG. Ein Büssing-Schalt- oder ein DIWABUS-Automatikgetriebe übertrug die 150 PS Antriebsleistung. Die Doppeldecker-Aufbauten kamen von der Waggonfabrik Orenstein & Koppel, Berlin-Spandau

Ein Typenblatt von 1954, dem 50. Jahr der Büssing-Existenz. Unterschiedliche Platzeinteilungen für 75 bis 90 Fahrgäste konnten gewählt werden. Mit festem Schaffnersitz und Plattform (Schluckraum) war ein guter »Fahrgastfluß« möglich.

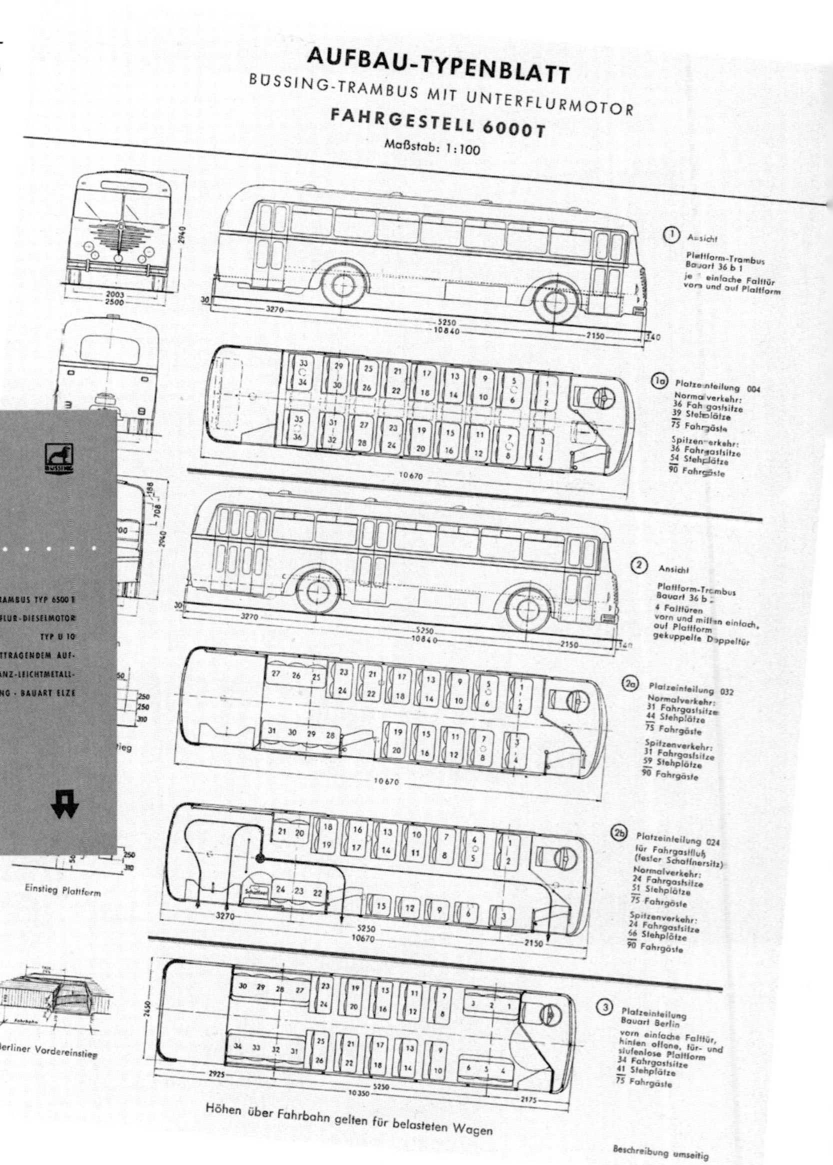

Mit selbstragenden, genieteten Ganz-Leichtmetall-Aufbauten (»Erfahrungen aus dem Flugzeugbau«) komplettierte die Niedersächsische Waggonfabrik Graaff in Elze das Fahrgestell des Büssing 6500 T. Bei einem Gewicht von 7,6 t war das Fahrzeug um eine Tonne leichter als die Ganzstahlausführung.

Großer Faltprospekt von 1954. In der Kombination von Büssing-Rahmenfahrgestell 6500 T und Emmelmann-Karosserie entstand dieser elegante Luxus-Reisebus.

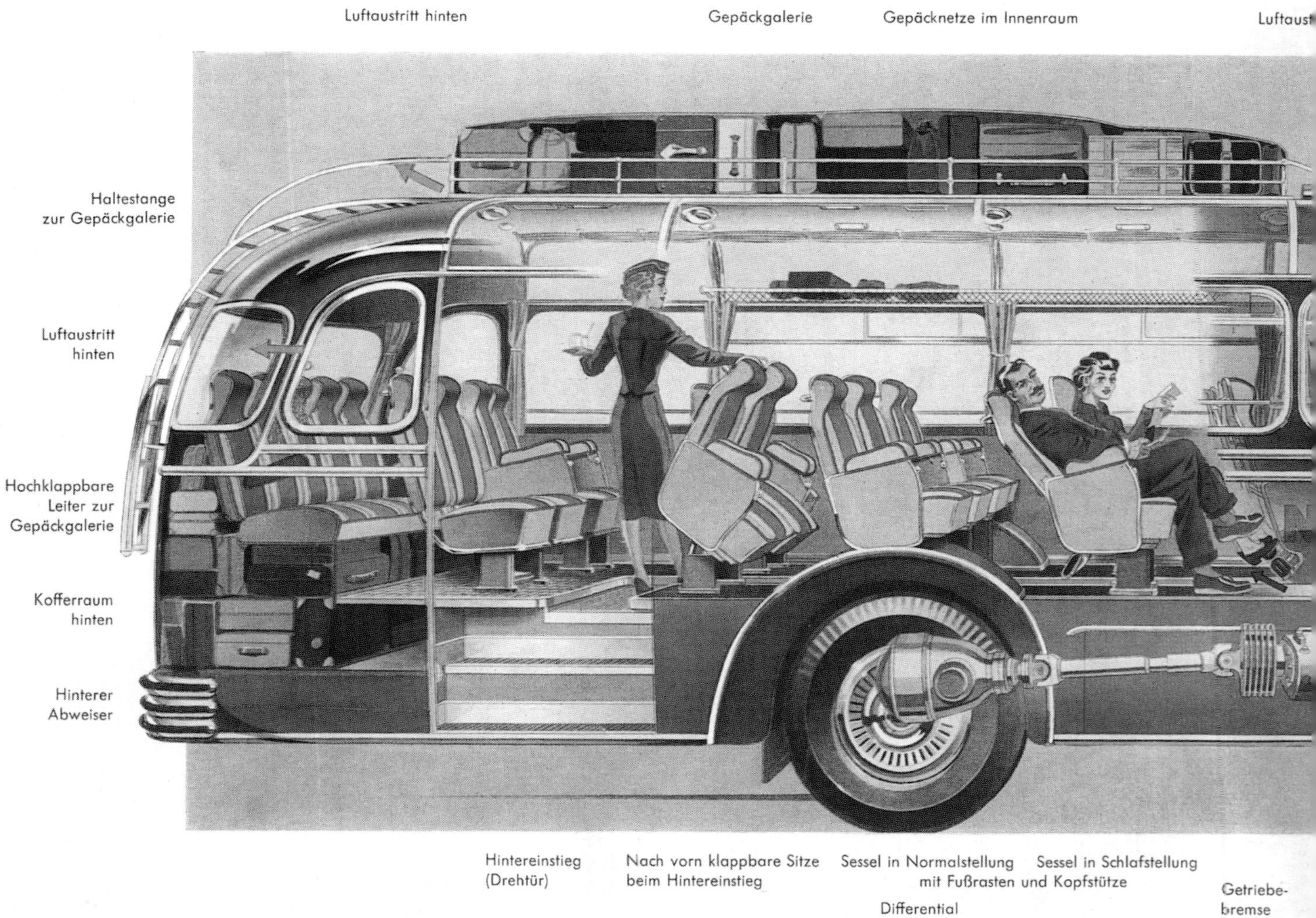
Luftaustritt hinten
Gepäckgalerie
Gepäcknetze im Innenraum
Luftaust
Haltestange zur Gepäckgalerie
Luftaustritt hinten
Hochklappbare Leiter zur Gepäckgalerie
Kofferraum hinten
Hinterer Abweiser
Hintereinstieg (Drehtür)
Nach vorn klappbare Sitze beim Hintereinstieg
Sessel in Normalstellung
Sessel in Schlafstellung mit Fußrasten und Kopfstütze
Differential
Getriebebremse

Dem gehobenen Ausstattungsniveau des Büssing 6500 T entsprach ein Chauffeur in Uniform und Kapitänsmütze. Selbstverständlich begleitete die Reisenden im internationalen Reiseverkehr eine Stewardeß im Airline-Kostüm.

Mit selbstragendem Wagenkasten in Stahl- und Leichtmetall-Gemischtbauweise erstellte die Waggonfabrik Uerdingen AG das Trambus-Modell 6500 T. Charakteristisch waren die geteilten Panoramascheiben im Frontbereich. Das DIWABUS-Automatikgetriebe erleichterte dem Fahrer die Arbeit am Lenkrad ganz erheblich.

In englischer Sprache gehaltener Büssing-Prospekt für den TU 7. Die neue Typologie orientierte sich an der 7-Liter-Maschine, hier »the beating heart of the omnibus«. (1955)

In den Verbundbau-Omnibus TU 11 setzte Büssing den 11-Liter-Motor mit 170 PS ein. Die dreitürige Kommunal-Ausführung besaß eine abgesenkte Heckplattform »für das Schluckvermögen und die Abfertigungsmöglichkeiten, die ausgesprochener Spitzenverkehr erfordert« (1955).

Gelenkzüge sind Sonderfahrzeuge, die eigens für den städtischen Massenverkehr bestimmt sind. In mehreren deutschen Städten haben sich BÜSSING Emmelmann Gelenkzüge mit Schenk-Nachläufer bewährt. Die selbstspurende Doppelachse der Nachläufer wird auch bei jetzt kurzer Gesamtlänge verwendet. Sie sichert dem Zug ausgezeichnete Fahreigenschaft.

Alle Angaben gelten mit den üblichen Toleranzen. Änderungen in Ausführung und Konstruktion müssen wir uns vorbehalten.

BÜSSING
NUTZKRAFTWAGEN GMBH
BRAUNSCHWEIG

ADOLF EMMELMANN
HANNOVER

Die Firma Adolf Emmelmann karossierte von 1950 bis zum Ende der Braunschweiger Marke einige tausend Büssing-Unterbauten – als luxuriöse Reisebusse, als Stadtverkehrs-Solo- und als Gelenkfahrzeuge.

Schon sehr früh galt das Interesse und die Zuneigung dem Omnibusbau. Dieses Gebiet war in der Entwicklung und bot einem Wagenbauer ein unerschöpfliches und dankbares Arbeitsgebiet. Von jeher wünscht der Omnibusunternehmer für seine Fahrgäste ein Fahrzeug, das im Äußeren, in der Ausführung, Ausstattung und Bequemlichkeit dem Personenwagen nahe kommt. Diese Forderung wurde erfüll

Emil Emmelmann gründete im Jahre 1896 die Firma gleichen Namens. Gründliche Kenntnisse des Kutschwagenbaus, eine solide Geschäftsauffassung und ein ausgeprägter Sinn für Harmonie und Schönheit gaben die Grundlage für eine erfolgreiche Entwicklung und sicherten den Bestand seiner Firma auch in den schwersten Zeiten.

Sein Sohn Adolf Emmelmann, der jetzige Inhaber, übernahm 1928 das Unternehmen. Eine gründliche handwerkliche und theoretische Ausbildung und eine praktische Tätigkeit in seinerzeit ersten Karosseriewerken waren das Rüstzeug, um bei der Übernahme des Betriebes mit dem Karosseriebau zu beginnen.

In diesem Prospekt von 1957 versucht die Firma Büssing den Kunden von den Vorteilen und der Formschönheit der Emmelmann-Busse zu überzeugen.

Auf Trambus-Fahrgestellen bauten in Erwartung des Verbots des Mitführens von Anhängern (ab 1960) die Firmen Emmelmann (Hannover), Gaubschat (Berlin) und Kässbohrer (Ulm) Gelenkzüge mit hinterer Einzel- oder Doppelachse auf. Bis zu 175 Fahrgäste faßten diese Fahrzeuge. Ein Büssing-Prospekt von 1957.

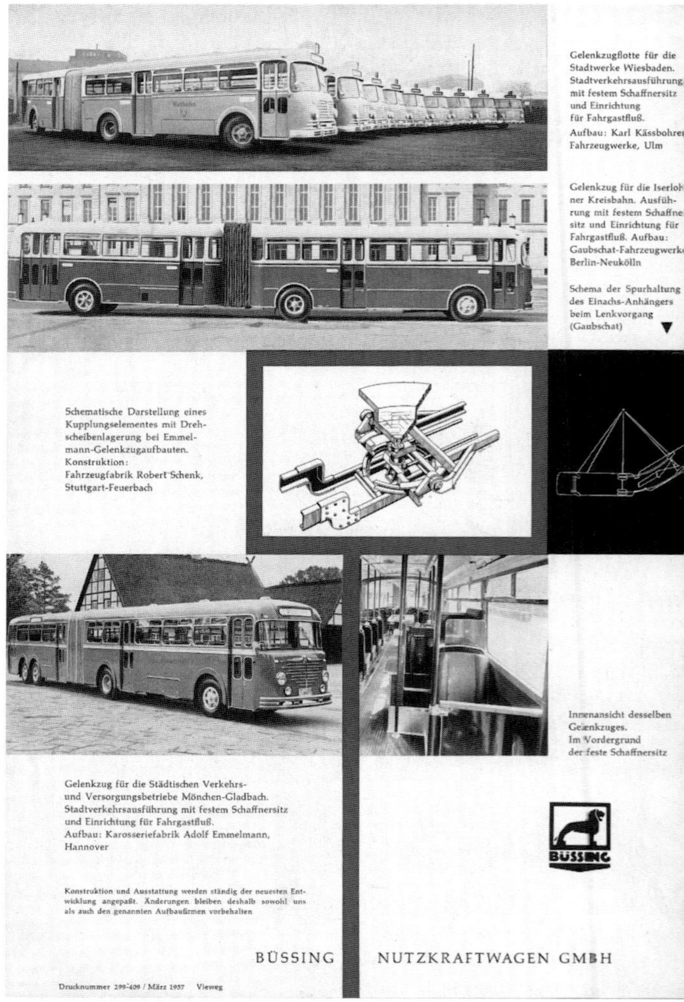

Gelenkzugflotte für die Stadtwerke Wiesbaden. Stadtverkehrsausführung mit festem Schaffnersitz und Einrichtung für Fahrgastfluß.

Aufbau: Karl Kässbohrer Fahrzeugwerke, Ulm

Gelenkzug für die Iserloh-ner Kreisbahn. Ausführung mit festem Schaffnersitz und Einrichtung für Fahrgastfluß. Aufbau: Gaubschat-Fahrzeugwerke Berlin-Neukölln

Schema der Spurhaltung des Einachs-Anhängers beim Lenkvorgang (Gaubschat) ▼

Schematische Darstellung eines Kupplungselementes mit Drehscheibenlagerung bei Emmelmann-Gelenkzugaufbauten.
Konstruktion:
Fahrzeugfabrik Robert Schenk, Stuttgart-Feuerbach

Innenansicht desselben Gelenkzuges.
Im Vordergrund der feste Schaffnersitz

Gelenkzug für die Städtischen Verkehrs- und Versorgungsbetriebe Mönchen-Gladbach.
Stadtverkehrsausführung mit festem Schaffnersitz und Einrichtung für Fahrgastfluß.
Aufbau: Karosseriefabrik Adolf Emmelmann, Hannover

Konstruktion und Ausstattung werden ständig der neuesten Entwicklung angepaßt. Änderungen bleiben deshalb sowohl uns als auch den genannten Aufbaufirmen vorbehalten

BÜSSING NUTZKRAFTWAGEN GMBH

Drucknummer 299-409 / März 1957 Vieweg

Technische Daten

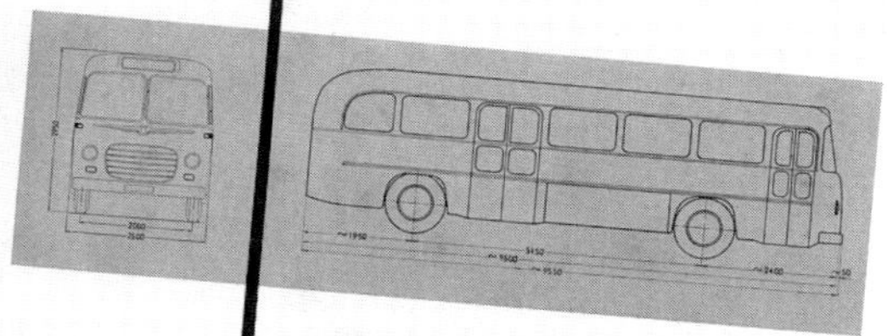

TU 5 S

Motor Typ U 5
Leistung 110 PS
Hubraum 5,43 l
Drehzahl 2600 U/min
max. Drehmoment 34 mkg bei 1600 U/min

Getriebe: ZF S 5–33 synchronisiert
Auf Wunsch mit Gruppengetriebe

Hinterachse Einfachübersetzung

Hinterachsübersetzung 5,13
Höchstgeschwindigkeit 99 km/h
mit Gruppengetriebe 110 km/h
Steigvermögen 23 %
mit Gruppengetriebe 28 %

Fußbremse Druckluft
Handbremse Federspeicher, auf Hinterräder wirkend
Motorbremse mit pneumatischer Betätigung
Bereifung 11,00–20 Super 4-fach
Federung Luftfederung

Radstand 5150 mm
Länge über alles 9550 mm
Breite über alles 2450 mm
Höhe (belastet und unbelastet) 2950 mm
Lichte Höhe im Mittelgang 1950 mm
Überhang vorn 2400 mm
Überhang hinten 1950 mm
Spurweite vorn und hinten 2000 mm
Wendekreisdurchmesser 18700 mm
Kraftstoffbehälter 110 l
zulässiges Gesamtgewicht 10.000 – 12.000 kg je nach Verwendungszweck

Fassungsvermögen	Stadt	Überl.	Reise
Fahrgastsitze	33	43	46
Stehplätze	57	31	–
Mittelgangsitze	–	–	10
Fahrer	1	1	1
Personen	91	75	57

BÜSSING NUTZKRAFTWAGEN GMBH
BRAUNSCHWEIG

TU 7 S

Motor Typ U 7
Leistung 130 PS
Hubraum 7,15 l
Drehzahl 2400 U/min
max. Drehmoment 43 mkg bei 1400 U/min

Getriebe: ZF S 5–33 synchronisiert
Auf Wunsch mit Gruppengetriebe

Hinterachse Doppelübersetzung (Kegel- und Stirnräder)
Hinterachsübersetzung 6,3
Höchstgeschwindigkeit 75 km/h
mit Gruppengetriebe 100 km/h
Steigvermögen 30 %
mit Gruppengetriebe 33 %

Fußbremse Druckluft
Handbremse Federspeicher, auf Hinterräder wirkend
Motorbremse mit pneumatischer Betätigung
Bereifung 11,00–20 Super 4-fach
Federung Luftfederung

Radstand 5150 mm
Länge über alles 9550 mm
Breite über alles 2450 mm
Höhe (belastet und unbelastet) 2950 mm
Lichte Höhe im Mittelgang 1950 mm
Überhang vorn 2400 mm
Überhang hinten 1950 mm
Spurweite vorn und hinten 2000 mm
Wendekreisdurchmesser 18700 mm
Kraftstoffbehälter 110 l
zulässiges Gesamtgewicht 10.000 – 12.000 kg je nach Verwendungszweck

Fassungsvermögen	Stadt	Überl.	Reise
Fahrgastsitze	33	43	46
Stehplätze	54	31	–
Mittelgangsitze	–	–	10
Fahrer	1	1	1
Personen	88	75	57

Alle Angaben gelten mit den üblichen Toleranzen
Änderungen in Ausrüstung und Konstruktion müssen wir uns vorbehalten

Drucknummer 0935-11 / Sept. 57 / 10.000

Dieser 1957 auf der Frankfurter IAA vorgestellte Trambus TU 5 S in selbsttragender Bauweise ging nicht in den Serienbau. Büssing hatte hier die Vorderfront des Kässbohrer-Typs S 11 kopiert.

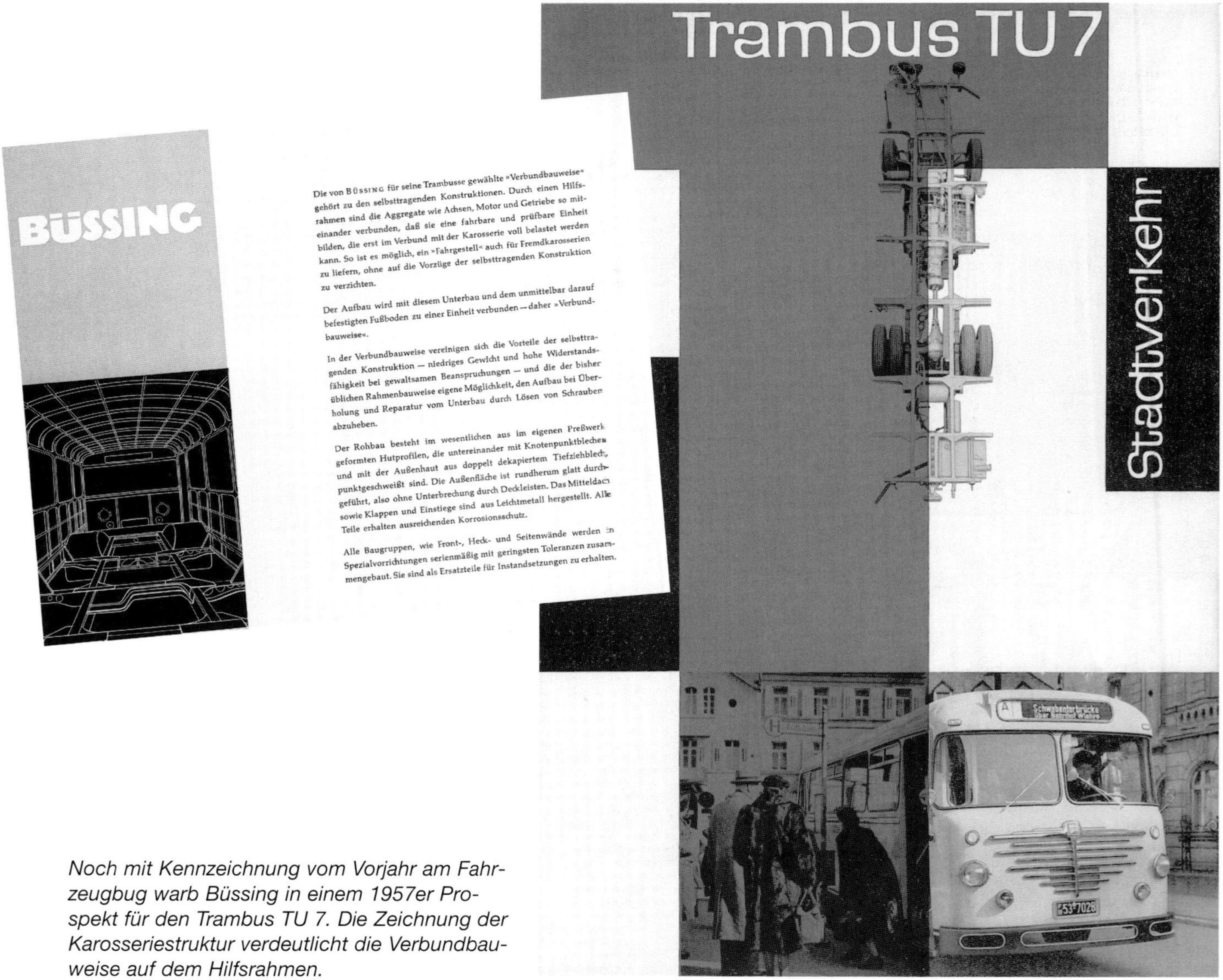

Die von BÜSSING für seine Trambusse gewählte »Verbundbauweise« gehört zu den selbsttragenden Konstruktionen. Durch einen Hilfs-rahmen sind die Aggregate wie Achsen, Motor und Getriebe so mit-einander verbunden, daß sie eine fahrbare und prüfbare Einheit bilden, die erst im Verbund mit der Karosserie voll belastet werden kann. So ist es möglich, ein »Fahrgestell« auch für Fremdkarosserien zu liefern, ohne auf die Vorzüge der selbsttragenden Konstruktion zu verzichten.

Der Aufbau wird mit diesem Unterbau und dem unmittelbar darauf befestigten Fußboden zu einer Einheit verbunden – daher »Verbund-bauweise«.

In der Verbundbauweise vereinigen sich die Vorteile der selbsttra-genden Konstruktion – niedriges Gewicht und hohe Widerstands-fähigkeit bei gewaltsamen Beanspruchungen – und die der bisher üblichen Rahmenbauweise eigene Möglichkeit, den Aufbau bei Über-holung und Reparatur vom Unterbau durch Lösen von Schrauben abzuheben.

Der Rohbau besteht im wesentlichen aus im eigenen Preßwerk geformten Hutprofilen, die untereinander mit Knotenpunktblechen und mit der Außenhaut aus doppelt dekapiertem Tiefziehblech punktgeschweißt sind. Die Außenfläche ist rundherum glatt durch-geführt, also ohne Unterbrechung durch Deckleisten. Das Mitteldach sowie Klappen und Einstiege sind aus Leichtmetall hergestellt. Alle Teile erhalten ausreichenden Korrosionsschutz.

Alle Baugruppen, wie Front-, Heck- und Seitenwände werden in Spezialvorrichtungen serienmäßig mit geringsten Toleranzen zusam-mengebaut. Sie sind als Ersatzteile für Instandsetzungen zu erhalten.

Noch mit Kennzeichnung vom Vorjahr am Fahrzeugbug warb Büssing in einem 1957er Prospekt für den Trambus TU 7. Die Zeichnung der Karosseriestruktur verdeutlicht die Verbundbauweise auf dem Hilfsrahmen.

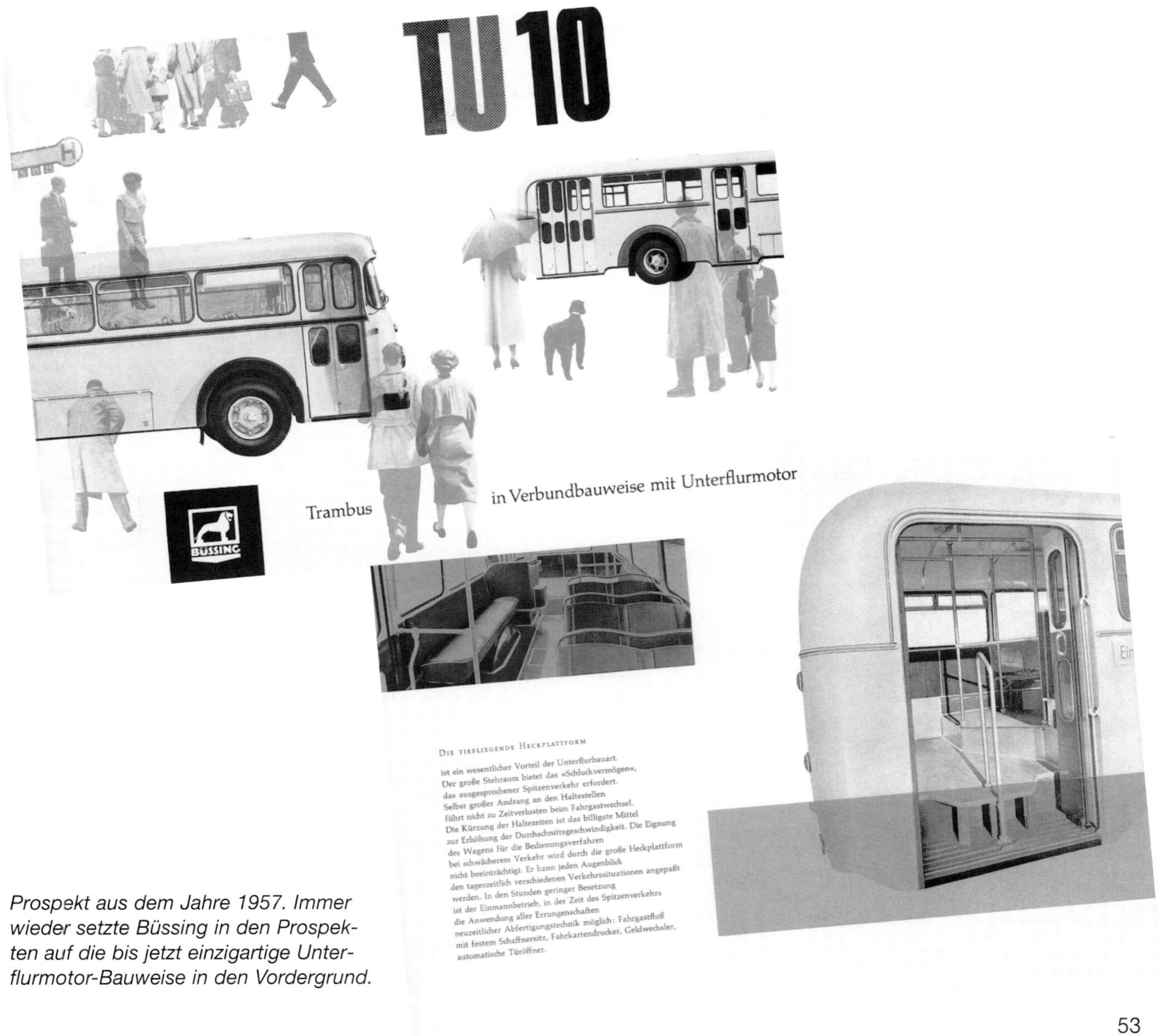

Prospekt aus dem Jahre 1957. Immer wieder setzte Büssing in den Prospekten auf die bis jetzt einzigartige Unterflurmotor-Bauweise in den Vordergrund.

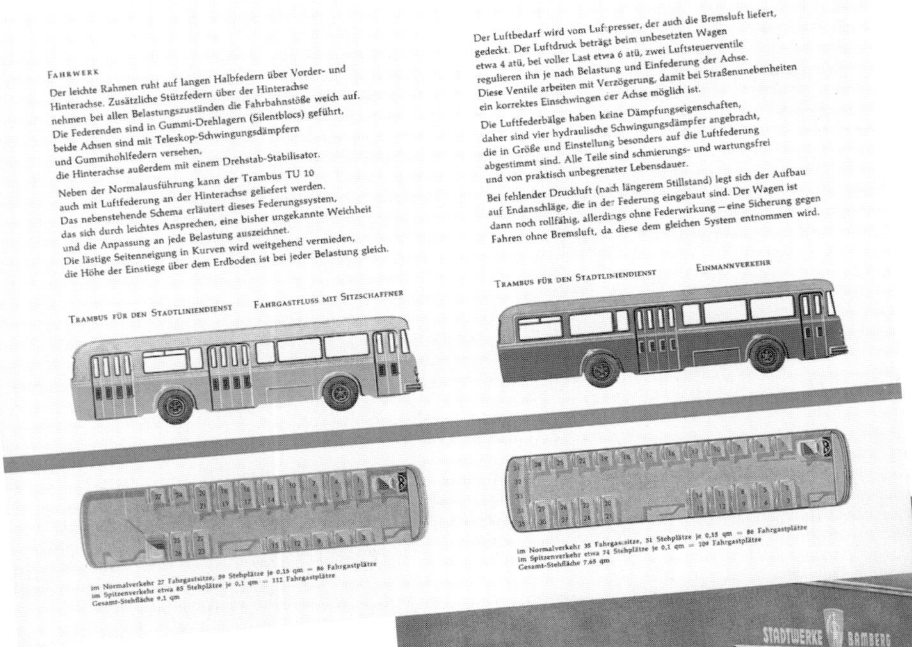

FAHRWERK

Der leichte Rahmen ruht auf langen Halbfedern über Vorder- und Hinterachse. Zusätzliche Stützfedern über der Hinterachse nehmen bei allen Belastungszuständen die Fahrbahnstöße weich auf. Die Federenden sind in Gummi-Drehlagern (Silentblocs) geführt, beide Achsen sind mit Teleskop-Schwingungsdämpfern und Gummihohlfedern versehen, die Hinterachse außerdem mit einem Drehstab-Stabilisator.

Neben der Normalausführung kann der Trambus TU 10 auch mit Luftfederung an der Hinterachse geliefert werden. Das nebenstehende Schema erläutert dieses Federungssystem, das sich durch leichtes Ansprechen, eine bisher ungekannte Weichheit und die Anpassung an jede Belastung auszeichnet. Die lästige Seitenneigung in Kurven wird weitgehend vermieden, die Höhe der Einstiege über dem Erdboden ist bei jeder Belastung gleich.

Der Luftbedarf wird vom Luftpresser, der auch die Bremsluft liefert, gedeckt. Der Luftdruck beträgt beim unbesetzten Wagen etwa 4 atü, bei voller Last etwa 6 atü, zwei Luftsteuerventile regulieren ihn je nach Belastung und Einfederung der Achse. Diese Ventile arbeiten mit Verzögerung, damit bei Straßenunebenheiten ein korrektes Einschwingen der Achse möglich ist.

Die Luftfederbälge haben keine Dämpfungseigenschaften, daher sind vier hydraulische Schwingungsdämpfer angebracht, die in Größe und Einstellung besonders auf die Luftfederung abgestimmt sind. Alle Teile sind schmierungs- und wartungsfrei und von praktisch unbegrenzter Lebensdauer.

Bei fehlender Druckluft (nach längerem Stillstand) legt sich der Aufbau auf Endanschläge, die in der Federung eingebaut sind. Der Wagen ist dann noch rollfähig, allerdings ohne Federwirkung – eine Sicherung gegen Fahren ohne Bremsluft, da diese dem gleichen System entnommen wird.

TRAMBUS FÜR DEN STADTLINIENDIENST — FAHRGASTFLUSS MIT SITZSCHAFFNER

im Normalverkehr 27 Fahrgastsitze, 59 Stehplätze je 0,15 qm = 86 Fahrgastplätze
im Spitzenverkehr etwa 85 Stehplätze je 0,1 qm = 112 Fahrgastplätze
Gesamt-Stehfläche 9,1 qm

TRAMBUS FÜR DEN STADTLINIENDIENST — EINMANNVERKEHR

im Normalverkehr 35 Fahrgastsitze, 51 Stehplätze je 0,15 qm = 86 Fahrgastplätze
im Spitzenverkehr etwa 74 Stehplätze je 0,1 qm = 109 Fahrgastplätze
Gesamt-Stehfläche 7,65 qm

Wer von Unterflurmotoren spricht, denkt zuerst an BÜSSING

Die unterschiedlichsten Innenraum-Layouts ließen sich realisieren. 1958 kamen Daimler-Benz und MAN ebenfalls mit Unterflurmotor-Omnibussen auf den Markt. Daher der Slogan: »Wer von Unterflurmotoren spricht, denkt zuerst an Büssing«.

Das Verbundbau-Fahrgestell ermöglichte problemlos den Anbau einer hinteren, tiefgelegten Plattform.

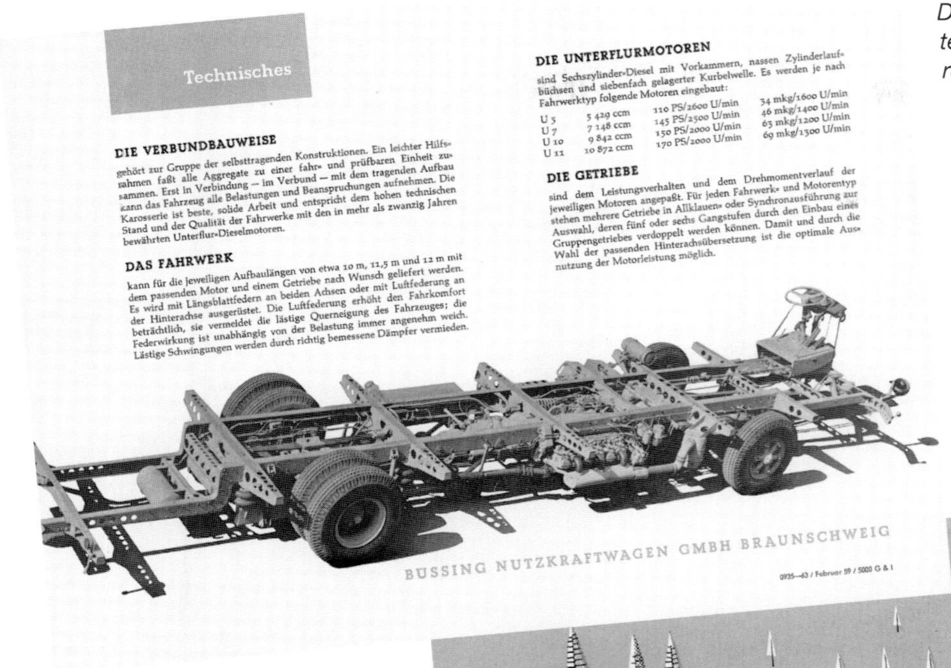

Technisches

DIE VERBUNDBAUWEISE

gehört zur Gruppe der selbsttragenden Konstruktionen. Ein leichter Hilfsrahmen faßt alle Aggregate zu einer fahr- und prüfbaren Einheit zusammen. Erst in Verbindung – im Verbund – mit dem tragenden Aufbau kann das Fahrzeug alle Belastungen und Beanspruchungen aufnehmen. Die Karosserie ist beste, solide Arbeit und entspricht dem hohen technischen Stand und der Qualität der Fahrwerke mit den in mehr als zwanzig Jahren bewährten Unterflur-Dieselmotoren.

DAS FAHRWERK

kann für die jeweiligen Aufbaulängen von etwa 10 m, 11,5 m und 12 m mit dem passenden Motor und einem Getriebe nach Wunsch geliefert werden. Es wird mit Längsblattfedern an beiden Achsen oder mit Luftfederung an der Hinterachse ausgerüstet. Die Luftfederung erhöht den Fahrkomfort beträchtlich, sie vermeidet die lästige Querneigung des Fahrzeuges; die Federwirkung ist unabhängig von der Belastung immer angenehm weich. Lästige Schwingungen werden durch richtig bemessene Dämpfer vermieden.

DIE UNTERFLURMOTOREN

sind Sechszylinder-Diesel mit Vorkammern, nassen Zylinderlaufbüchsen und siebenfach gelagerter Kurbelwelle. Es werden je nach Fahrwerktyp folgende Motoren eingebaut:

U 5	5 429 ccm	110 PS/2600 U/min	34 mkg/1600 U/min
U 7	7 148 ccm	145 PS/2500 U/min	46 mkg/1400 U/min
U 10	9 842 ccm	150 PS/2000 U/min	63 mkg/1200 U/min
U 11	10 872 ccm	170 PS/2000 U/min	69 mkg/1300 U/min

DIE GETRIEBE

sind dem Leistungsverhalten und dem Drehmomentverlauf der jeweiligen Motoren angepaßt. Für jeden Fahrwerk- und Motorentyp stehen mehrere Getriebe in Allklauen- oder Synchronausführung zur Auswahl, deren fünf oder sechs Gangstufen durch den Einbau eines Gruppengetriebes verdoppelt werden können. Damit und durch die Wahl der passenden Hinterachsübersetzung ist die optimale Ausnutzung der Motorleistung möglich.

BÜSSING NUTZKRAFTWAGEN GMBH BRAUNSCHWEIG

0935—63 / Februar 59 / 5000 G & I

Hochsitzer: Eine neue Büssing-Variante. Durch den Unterflurkofferraum konnte die Dachgallerie entfallen. Hier in einem Prospekt von 1959.

Ein neues Styling mit vorderen Panoramascheiben und seitlichen Parallelogrammscheiben führte Büssing mit den Verbundbauweise-Heckmotor-Typen 1959 ein. Die Auspuffgase wurden über einen »Ejektor« in Dachhöhe abgeleitet.

TECHNISCHE DATEN

HAUPTABMESSUNGEN

Länge über alles	10 080 mm
größte Breite	2 500 mm
größte Höhe	2 900 mm
Radstand	4 500 mm
vorderer Überhang	2 575 mm
hinterer Überhang	2 925 mm

GEWICHTE

zulässiges Gesamtgewicht	12 000 kg
Vorderachsdruck	4 000 kg
Hinterachsdruck	8 000 kg

PERSONENZAHLEN

Fahrgast-Sitzplätze	32
dazu 8 leicht montierbare zusätzliche Sitzplätze	
Stehplätze im Spitzenverkehr	68
gesamte Fahrgastzahl im Spitzenverkehr	100
Fahrersitz	1

FAHRWERK

Bereifung	9.00—20 eHD verstärkt, 6fach
kleinster Spurkreisdurchmesser	16 Meter

BREMSEN

Fußbremse:	Druckluft-Öldruck-Vierrad-Innenbackenbremse
Handbremse:	wirkt auf eine besondere Handbremstrommel an der Hinterachse
Motorbremse:	Auspuffklappenbremse
Lenkung:	Schneckenrollen-Lenkung
Achsen und Achsaufhängung:	Starre Achse, in Führungsfederblättern geführt
Federung:	Vorderachse und Hinterachse luftgefedert

KAROSSERIE

für Einmann-Betrieb mit Fahrgastfluß und Einstieg beim Fahrer.

Bauart:	Verbund-Bauweise, Karosserie als tragendes Gehäuse
Sitzreihen:	elf
Türen:	zwei druckluftgesteuerte Innenschwingtüren, welche im geschlossenen Zustand bündig mit der Außenhaut liegen

TÜRBREITE

beim Einstieg vorn	740 mm lichter Durchgang
beim Ausstieg in der Mitte	1130 mm lichter Durchgang
Stehhöhe im Wageninnern	1955 mm licht

TRIEBWERK

Motor: U 7 145 PS Hochleistungsmaschine
BÜSSING Unterflur-Bauweise
Kühlung: Wasserkühlung zugleich Wagenheizung
Anordnung des Triebwerks: im Heck liegend
Getriebe: ZF-Hydromedia 2 HM 40 mit Automatik

BÜSSING NUTZKRAFTWAGEN GMBH BRAUNSCHWEIG

Druck-Nr. 0935-79/Mai 59 (5000) · Druck: Goebecke & Isenburg

Technische Einzelheiten zum Büssing Trambahn-Bus 11 R/U 7 H von 1959.

Büssing Omnibusse 1961 – 1965

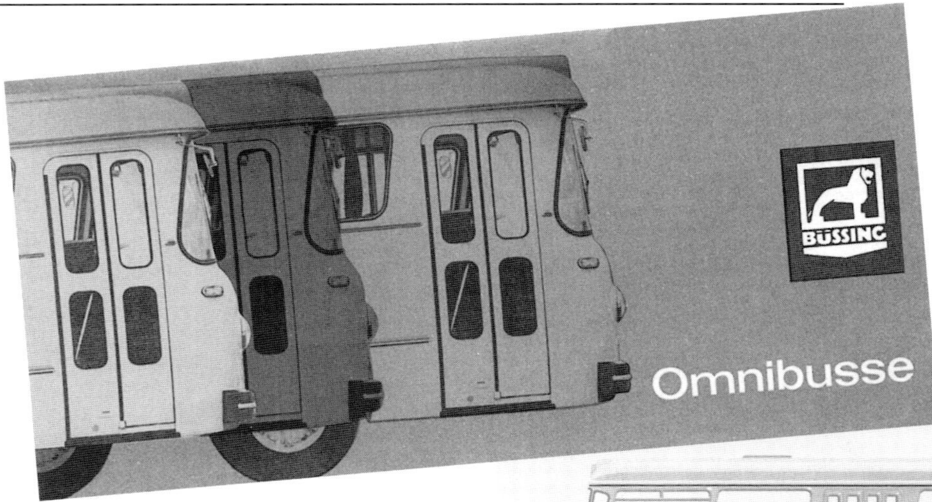

…nterflur-Dieselmotor U 5 — 126 PS im Heck, Radstand …Bereifung 8.25—20 verstärkt, Fußbodenhöhe 820 mm, **4**

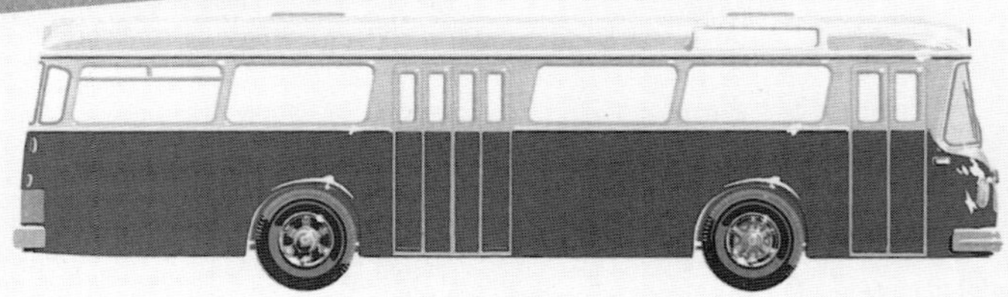

Stadtverkehr	Überlandverkehr	Ausflugs- und Reiseverkehr
—	41 Fahrgastsitze 42 Stehplätze 83 Fahrgäste und 1 Fahrer	bis 44 Fahrgastsitze, im Ausflugsverkehr keine Stehplätze

SENATOR 11 R Trambus in Röhrenbauweise mit Unterflur-Dieselmotor U 7 — 145 PS im Heck, Radstand 4750 mm, Gesamtlänge 10 110 mm, Bereifung 9.00 — 20 Super, Fußbodenhöhe 820 mm, Luftfederung. **5**

Stadtverkehr	Überlandverkehr	Ausflugs- und Reiseverkehr
28 Fahrgastsitze 72 Stehplätze 100 Fahrgäste und 1 Fahrer	41 Fahrgastsitze 45 Stehplätze 86 Fahrgäste und 1 Fahrer	bis 44 Fahrgastsitze, im Ausflugsverkehr keine Stehplätze

1961 führte das Werk für die neue Omnibus-Generation die Namen Konsul, Senator (beide Heckdiesel) und Präsident (Motor zwischen den Achsen) ein. Während der Konsul sich mit einer Stahl-Gummi-Federung begnügen mußte, besaßen die Senatoren und Präsidenten Luftfederungen.

8

SENATOR 13 R

Trambus in Röhrenbauweise mit Unterflur-Dieselmotor U 7 —145 PS im Heck, Radstand 6000 mm, Gesamtlänge 11 360 mm, Bereifung 9.00 —20 Super, Fußbodenhöhe 950 mm, Luftfederung.

Stadtverkehr	Überlandverkehr	Ausflugs- und Reiseverkehr
—	51 Fahrgastsitze 49 Stehplätze 100 Fahrgäste und 1 Fahrer	bis 52 Fahrgastsitze 5,2 cbm Gepäckraum keine Stehplätze

Der Büssing Senator 13 R von 1961 bewährte sich vor allem im Fernverkehr und im Flughafen-Zubringerdienst.

9

SENATOR 13 R

Trambus in Röhrenbauweise mit Unterflur-Dieselmotor U 7 —145 PS im Heck, Radstand 5850 mm, Gesamtlänge 11 400 mm, Bereifung 9.00 —20 Super, Fußbodenhöhe 950 mm, Luftfederung.

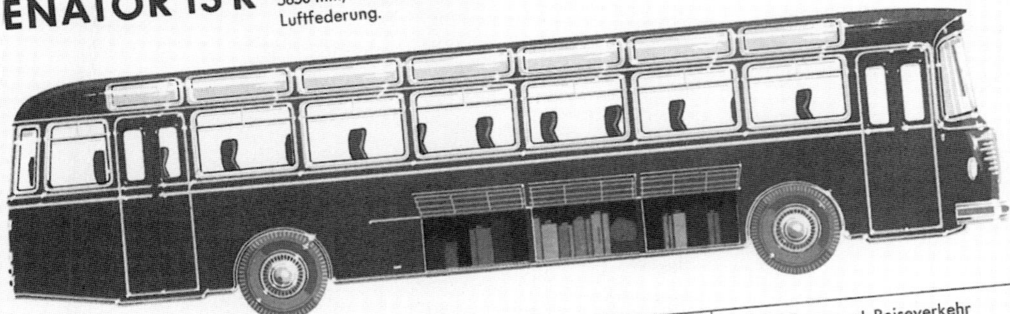

Stadtverkehr	Überlandverkehr	Ausflugs- und Reiseverkehr
—	51 Fahrgastsitze 36 Stehplätze (verringerte Gangbreite) 87 Fahrgäste und 1 Fahrer	46 Fahrgastsitze in Schlafsessel-ausführung 5,0 cbm Gepäckraum keine Stehplätze

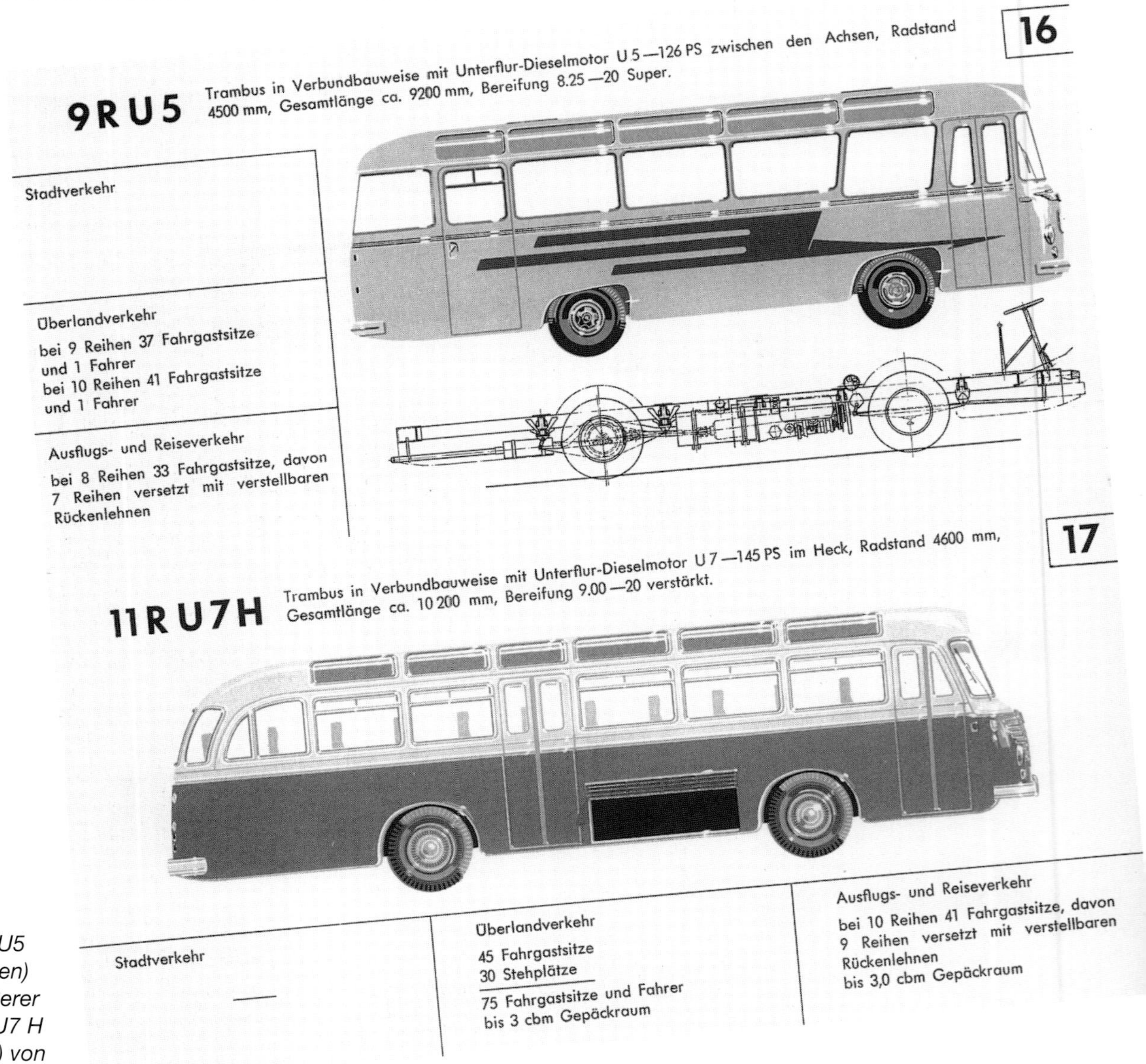

16

9 R U 5 Trambus in Verbundbauweise mit Unterflur-Dieselmotor U 5—126 PS zwischen den Achsen, Radstand 4500 mm, Gesamtlänge ca. 9200 mm, Bereifung 8.25—20 Super.

Stadtverkehr

Überlandverkehr
bei 9 Reihen 37 Fahrgastsitze und 1 Fahrer
bei 10 Reihen 41 Fahrgastsitze und 1 Fahrer

Ausflugs- und Reiseverkehr
bei 8 Reihen 33 Fahrgastsitze, davon 7 Reihen versetzt mit verstellbaren Rückenlehnen

17

11 R U 7 H Trambus in Verbundbauweise mit Unterflur-Dieselmotor U 7—145 PS im Heck, Radstand 4600 mm, Gesamtlänge ca. 10 200 mm, Bereifung 9.00—20 verstärkt.

Stadtverkehr	Überlandverkehr	Ausflugs- und Reiseverkehr
—	45 Fahrgastsitze 30 Stehplätze 75 Fahrgastsitze und Fahrer bis 3 cbm Gepäckraum	bei 10 Reihen 41 Fahrgastsitze, davon 9 Reihen versetzt mit verstellbaren Rückenlehnen bis 3,0 cbm Gepäckraum

Der »kleine« Trambus 9 R U5 (neun Sitzreihen) und sein größerer Bruder 11 R U7 H (elf Sitzreihen) von 1961.

KONSUL

Trambus in Röhrenbauweise
für Überland- und Ausflugsverkehr
mit Unterflur-Dieselmotor
U 5 - 126 PS im Heck

FÜR DEN LINIENVERKEHR

KONSUL 11 R

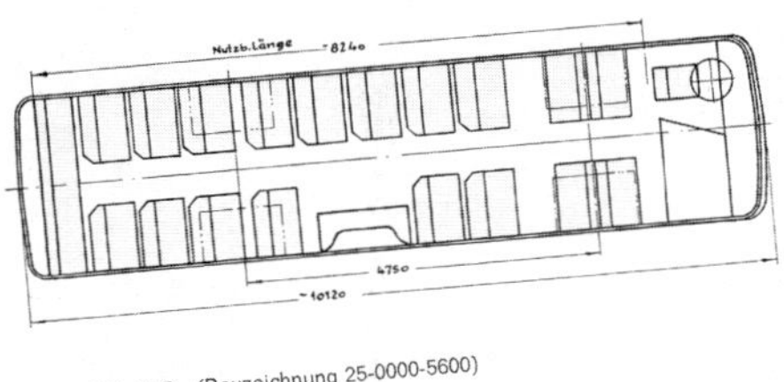

KONSUL 11 R (Bauzeichnung 25-0000-5600)
41 Fahrgastsitze, 42 Stehplätze = 83 Fahrgäste und 1 Fahrer

Bei der von Büssing angewendeten »Röhrenbauweise« bildeten die Bodenplatte, die Seitenwände in Fachwerkträger-Ausführung und das Dach die tragende Röhre. Die Hilfsrahmenträger der bisherigen Verbund-Bauweise entfielen hierbei.

Der 145 PS starke Büssing Senator konnte in den Ausführungen 11 R, 12 R, 13 R und 15 R geliefert werden. Die Zahlen gaben die Sitzreihen an (1961). Die Graphik der Büssing-Prospekte war, dem Trend der Zeit folgend, sehr nüchtern geworden, freigestellte Fotos auf weißem Hintergrund waren modern.

Die Zwischenachs-Maschine, ein höherer Wagenboden für Unterflurkofferräume, senkrecht stehende Fensterstege und ein großes Fassungsvermögen zeichneten die Präsident-Modelle für den Stadt- und Überlandverkehr aus (1961).

Neben dem Gelenkbus stellte der Anderthalbdecker der Karosseriefabrik Ludewig in Essen die zweite Lösung des »fassungsstärksten Großraumbus-Typs« dar. Bis zu 185 Personen konnten diese Dreiachs-Giganten mit der Schleppachse transportieren.

Die moderne Linie des AERO-1½-Deckers gibt vielen deutschen Städten das Gepräge im Verkehrsbild. In USA sind bei der größten Verkehrsgesellschaft „Greyhound" einige tausend 1½-Decker im Dienst

AERO-1½-Deck-Linien-Busse genießen eine Kfz-Steuervergünstigung in dem Ausmaß, daß ein 185-plätziger 1½-Decker nicht mehr Steuer kostet als ein 120-plätziger 1-Deck-Bus.

„Einmann-Bedienung" beim Kraftverkehr Westfalen in Lippstadt

Anderthalbdecker – eine ausgezeichnete Lösung! Besonders im Ruhrgebiet sah man sie in den sechziger Jahren häufig im Liniendienst.

Ein 1963 herausgegebener Prospekt für Reisebusse, jetzt in der Röhrenbauweise gefertigt. Die Doppelseite zeigt den Senator 15 mit Heckdiesel und typischem Emmelmann-Aufbau.

1963 hatten die für Büssing tätigen Graphiker wieder zu lebendigeren Prospekt-Titelblättern zurückgefunden. Als klassischer Stadtbuswagen fand der Senator mit 150 PS große Verbreitung bei deutschen und österreichischen Kommunalbetrieben. Die Bodenhöhe betrug 620, beim Überlandbus 820 mm.

Auf die nicht belastbare Gitterrahmen-Bodengruppe setzte die Krauss-Maffei AG eine Karosserie, die sich durch hohe Bug- und seitlich herumgezogene Heckfenster auszeichnete. 150 Exemplare vom Büssing KMS 12 mit vorderer Einzelradaufhängung nach Krauss-Maffei-Patent entstanden in München.

Büssing Trambusse in Farbe

Prospekt für Gelenkzüge, 1963. Fahrgestelle und Bausätze für Gelenkomnibusse lieferte Büssing auch an die Waggonfabrik Uerdingen (DÜWAG). Aus dem Straßenbahnwagenbau wurde hier anstelle der anfälligen Gummi-Ziehharmonika-Verbindung das patentierte, verdeckte Blech-Mittelstück verwendet.

Innenseite aus einem Prospekt für den Büssing Senator 13 von 1963.

KRAUSS-MAFFEI hat die Aufbaukonstruktion nach eigener Erfahrung gestaltet. Ein Gitterrahmen vereinigt alle Aggregate zu einer fahrfähigen, aber noch nicht belastbaren Bodengruppe. Damit wird ein Aufbaugerippe aus hochwertigem Vierkantstahlrohr elektrisch verschweißt. Seitenwände und Dach des beblechten Wagens nehmen so einen großen Teil der Belastungen auf. Der ganze Wagenkasten bildet eine selbsttragende Einheit.

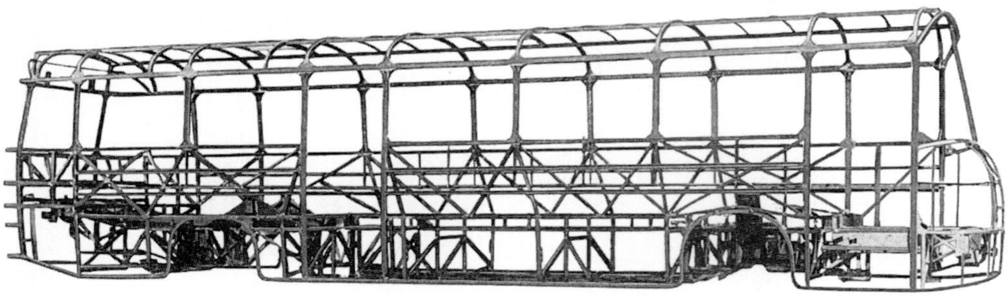

Darstellung des selbsttragenden Gitterrahmens, den man bei Krauss-Maffei für die Karosserie entwickelt hatte.

Waggonfabrik Uerdingen AG Werk Düsseldorf (DÜWAG)

Der Unterbau für den selbsttragenden Wagenkasten ist eine geschweißte schubfeste Konstruktion aus gekanteten und gepreßten Blechprofilen. Die Seitenwände werden in Verbindung mit dem Dach als Hauptlängsträger ausgebildet und geben dem Wagenkasten die Biegesteifigkeit. Das Gerippe ist eine geschweißte Stahlkonstruktion aus Walz- und Preßprofilen.
In diesen Wagenkasten sind die Antriebsaggregate eingehängt.

Alle Achsen sind luftgefedert.
Die Gelenkverbindung zwischen Motorwagen und Nachläufer ist der vom gleichen Werk für sechsachsige Straßenbahnen benutzten nachgebildet. Die besonderen Beanspruchungen beim Straßenfahrzeug und die größeren Winkelausschläge sind berücksichtigt.
Gummibalgen dichten das Gelenk nach außen ab, bleiben aber auch bei Kurvenfahrt durch Seitenwände und Dach verdeckt. Sie sind so gegen Licht- und Wärmeeinfluß geschützt.
Wartungsarme Gelenke führen das Lenkgestänge des Nachläufers bis zur Verbindung.
Sie sind so weit als möglich außen am Motorwagen befestigt. Dadurch sind die in Kugelgelenken und Gestänge auftretenden Kräfte relativ gering. Störungen der Nachläuferlenkung durch Elastizität oder Schwingungen sind ausgeschlossen.

Büssing Gelenkzug mit einem Aufbau der Waggonfabrik Uerdingen (DÜWAG), abgebildet in einem Prospekt von 1963.

Der Büssing TU 5 in Verbundbauweise war für kleine Bedarfsträger im Stadt-, Überland- und Reiseverkehr ein ideales Fahrzeug. Der 5,4-Liter-Diesel mit 110 PS lieferte genügend Leistung, um 91 beziehungsweise 51 Personen zu befördern.

SITZANORDNUNG FÜR DEN STADTVERKEHR

Die Bestuhlung der Trambus-Aufbauten, die für den Stadtverkehr bestimmt sind, – sowohl Einmannbetrieb als auch Heckplattform – wird serienmäßig in Durofol ausgeführt. Diese leichte Bestuhlung spart Gewicht und läßt sich ohne Aufwand pflegen. Das Bild zeigt den Innenraum eines Trambusses mit großer Stehfläche an der hinter der Hinterachse angeordneten doppelten Falttür.

SITZANORDNUNG FÜR DEN STADTVERKEHR

Auf Wunsch wird die Bestuhlung auch in Federkern-Polsterung mit Kunstlederbezug ausgeführt. Das Bild zeigt das Innere eines Trambusses für Einmannbetrieb mit doppelter Falttür in der Mitte des Wagens.
Auf Wunsch kann gegenüber dieser doppelten Falttür eine große Fläche als Stehplatz oder zur Unterbringung von Kinderwagen geschaffen werden.

SITZANORDNUNG FÜR DEN ÜBERLANDVERKEHR

Neben der Ausnutzung des Trambus-Aufbaues mit festen Sitzbänken für Überlandverkehr können ohne weiteres noch Mittelgangsitze angebracht werden. Die serienmäßige Ausführung der Bestuhlung im Überland-Aufbau ist: Sitze mit Federkern und Gummihaarauflage, Rücklehnen mit Kunstschaum.

SITZANORDNUNG FÜR DEN REISEVERKEHR

Die Sitze in den Aufbauten für den Reiseverkehr sind normal in Pfeifenpolsterung ausgeführt und mit Kunstleder bespannt. Auf Wunsch können besonders bequeme Schlafsessel mit oder ohne verstellbare Rückenlehnen – auch gestaffelt – eingebaut werden. Ebenso können sie seitlich verstellbar eingerichtet werden. Für die Sessel wird jede gewünschte Polsterung ausgeführt. Zur Wahl stehen ferner: Dachrandverglasung, vollständige Verglasung der vorderen und hinteren Dachkuppel und viele andere Kleinigkeiten, die für den anspruchsvollen Fahrgast heute selbstverständlich sind.

Neben beschädigungsresistenter Durofol-Bestuhlung wurden die Büssing-Omnibusse mit luxuriöser Federkern-Polsterung für Normalsitze oder für Schlafsessel ausgestattet.

Ein »anpassungsfähiger Bus mit Reserven im Rucksack« warb das Unternehmen 1958/59 für den 12-Meter-Bus 14 R. Bei diesem »Rucksack« handelte es sich um die 225 mm hohe Plattform zur Aufnahme von Fahrgästen in Verkehrsspitzenzeiten, »eine Wohltat für Fahrgäste und Fahrpersonal«.

Wir haben Ihnen hier einige der Vorteile gezeigt, die Sie Ihren Fahrgästen mit dem Reisewagen Trambus Präfekt 15 bieten können. Sie werden sicher noch mehr feststellen, wenn Sie ihn einmal selbst gefahren haben. Sprechen Sie mit unserem Vertreter. Er wird Ihnen gern eine Probefahrt vermitteln. Oder: kommen Sie einfach zu uns ins Werk. Wir zeigen Ihnen gern, wo Ihr Trambus gebaut wird.

Über weitere Einzelheiten unterrichtet Sie unser Typenblatt. Für alle technischen Angaben billigen Sie uns bitte die üblichen Toleranzen zu. Ausrüstung und Konstruktionsdetails können sich im Zuge der Weiterentwicklung ändern.

BÜSSING AUTOMOBILWERKE AG
BRAUNSCHWEIG
Ein Unternehmen der Salzgitter-Gruppe

Die vorletzte große Reisebus-Baureihe mit der Büssing-Spinne kam 1966 mit dem Trambus Präfekt. Durch die Verlagerung des Antriebs ins Heck waren durchgehende Kofferräume vorhanden.

Dem Luftteil der Bremse ist ein Kondenswasser-Abscheider vorgeordnet. Er scheidet den größten Teil der in der Bremsluft enthaltenen Feuchtigkeit aus. Dadurch wird die Einfrierungsgefahr weiter verringert.

Als Betriebsbremse wird eine kombinierte Druckluft-Hydraulik-Simplexbremse verwendet, die sich automatisch nachstellt. Bei 420 mm Trommeldurchmesser ist die wirksame Bremsfläche an der Vorderachse 160 mm, an der Hinterachse 180 mm breit. Das bedeutet: erhöhte Sicherheit und lange Lebensdauer der Bremsbeläge bis zur notwendigen Erneuerung.
Die Hinterradbremsen sind außerdem gut gegen eintretenden Schmutz abgedeckt.

Die Handbremse ist mit den Radbremsen kombiniert und damit als Servobremse ausgebildet. Die Betätigungskraft wirkt über zwei Federspeicher und Nocken direkt auf das Bremswerk der Hinterachse.

Die Radsterne der neuen Trilexräder sind so konstruiert, daß die Bremstrommeln ohne Demontage der Naben zusammen mit den Radsternen abgenommen werden können. Das erleichtert die Bremsenhauptuntersuchungen wesentlich und beseitigt die Gefahr der Verschmutzung der Radlagersätze. Die Nabenlager brauchen nicht mehr nachgestellt werden. Gegenüber dem Scheibenrad erspart das neue Trilexrad außerdem erhebliches Gewicht: Pro Fahrzeug bei Reifengröße 10.00–20 ca. 60 kg.

Die Getriebeschaltung erfolgt über leichtgängige Drehwellen.

Die Kühlluft wird in der rechten Seitenwand vor dem Heckende angesaugt und nach hinten unmittelbar neben der Heckrundung ausgeblasen,

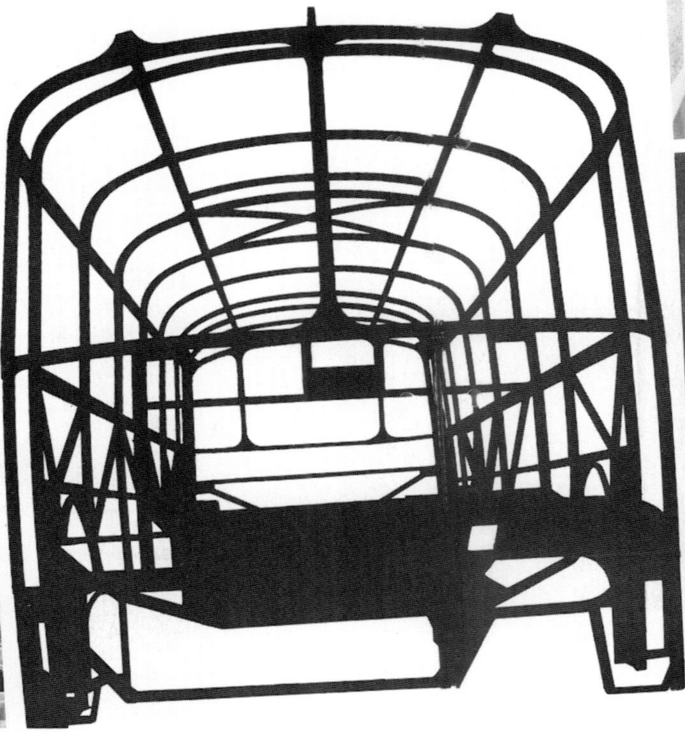

ohne Fahrstaub aufzuwirbeln. Die während der Fahrt am Wagenkörper auftretenden Druckverhältnisse können den Kühlluftdurchsatz nicht beeinflussen. Die Öffnung für den Kühlluftaustritt ist als Klappe ausgebildet. Durch sie ist das gesamte Kühlaggregat ohne Schwierigkeit auszubauen. Der Kühlerblock läßt sich außerdem aus dem Kühlerrahmen nach unten herausziehen.

Eine zweckentsprechende Lagerung des Lenkgetriebes schuf gute Voraussetzung für Anordnung und Zugängigkeit des Fußhebelwerkes.

Im Büssing Trambus Präfekt kamen Dieselmotoren nach dem Vorkammer/Wirbelkammer- und dem neuen Direkteinspritzverfahren zum Einbau.

Ein umfangreiches Programm an Bussen für den Stadtlinien-, Überlandlinien- und für den Reiseverkehr konnte Büssing 1966 präsentieren. Eine nahezu monopolartige Position besaß Büssing im Doppelstock-Bereich.

Trambus Konsul — für den Reise—, Überlandlinienverkehr und kombinierten Einsatz, mit Unterflur-Dieselmotor

Elegant in der Form – komfortabel im Innern

So kann Ihr neuer Reise-Trambus aussehen. Klar und gradlinig in der Karosseriegestaltung mit hohen »Schaufenster«-Seitenscheiben oder leicht abgerundet in der Linienführung mit weit in die Dachrundung hineingebogenen Seitenscheiben.

Wie Sie sich auch entscheiden, beide Aufbauausführungen bieten Ihnen im praktischen Einsatz die gleichen Vorteile: ein Höchstmaß an Raumausnutzung, Wirtschaftlichkeit und Fahrkomfort, solide Verarbeitung und sorgfältig durchdachte Technik und Ausstattung.

Ob Sie den Trambus Konsul in unserem Zweigbetrieb Küps oder von Emmelmann, Hannover, karosserieren lassen — Fahrwerk und Triebwerksanordnung sind immer gleich.

Büssing ließ sowohl im eigenen Karosseriewerk Küps als auch bei Emmelmann den kleinen Reisebus Konsul in Verbundbauweise herstellen. Der U 5 Dieselmotor leistete jetzt 126 PS (1966).

Trambus Präfekt – für den öffentlichen Nahverkehr mit Unterflur-Dieselmotor

Trambus Präfekt – 10 Punkte für den Fortschritt

1

Vorder- und Hinterachse sind in Achslenkern geführt, deren Gelenke als Molekularlager ausgebildet wurden. Ein eingebettetes Gummiformteil nimmt alle Lagerbewegungen elastisch auf, ohne daß ein Gleiten zwischen feststehendem und beweglichem Teil eintritt. Damit sind die Lagerstellen wartungsfrei. Die verstärkte Vorderachse (max. Tragfähigkeit 6 t) wird in drei Lenkern geführt. Die beiden unteren Lenker übernehmen nur die Längskräfte, der obere Dreieckslenker sowohl Längs- als auch Seitenkräfte.
Die Hinterachse (max. Tragfähigkeit 10t) wird in einem Längs- und einem Dreieckslenker geführt - Drehmomente vom Anfahren und Bremsen werden über Luftfederbälge und Stoßdämpfer aufgefangen.

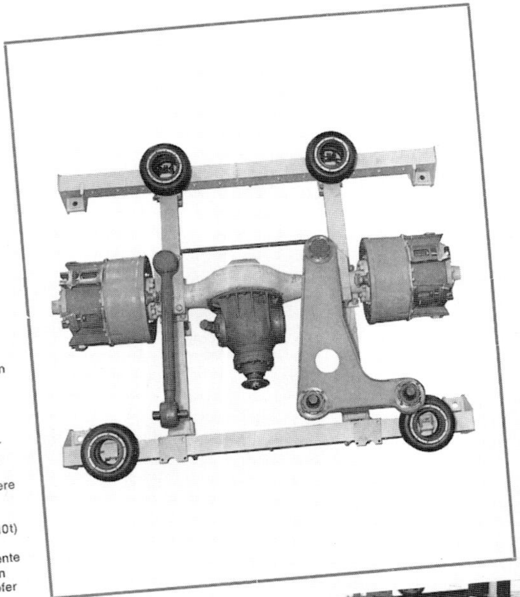

Mit dem Typennamen Präfekt setzte Büssing 1966 die Senator-Baureihe fort. Bei 29 Sitzplätzen konnte der Präfekt 13 bis zu 115 Personen befördern.

Die Typenreihe Präfekt wurde übrigens auch im Überlanddienst der Bundespost eingesetzt. Der hier obligatorische Briefkasten im Bus war ein sinnvoller Service, den es leider nicht mehr gibt.

Mit dem Direkteinspritz-Diesel U 7 D mit 155 PS bot Büssing ab 1967 ein fortschrittliches und wirtschaftliches Triebwerk an, das sich durch – wie die Werbung schrieb – die »Büffel-Charakteristik« im Drehmoment auszeichnete.

Die drei Größen des Trambus Perfekt mit seinem Unterflur-Heckmotor. Ein Prospekt aus dem Jahre 1967.

3xTrambus Präfekt

Der Trambus Präfekt 11 (11 Sitzreihen)
ist für den kombinierten Stadt- und
Überlandliniendienst besonders ge-
eignet. Auf ca. 10 m Gesamtlänge
bietet er ein ausreichendes Sitzplatz-
angebot mit viel Stehfläche. Bei 29
Fahrgastsitzen faßt er bis zu 107
Personen, vollbestuhlt mit 41 Sitzen
hat er immer noch 43 Stehplätze.

Der Trambus Präfekt 12 (12 Sitzreihen)
ist der klassische Stadtlinienwagen.
10,7 m Gesamtlänge bieten bei 29
Sitzen 110 Fahrgästen Platz. Die
Fußbodenhöhe bleibt bei jeder Be-
lastung konstant 620 mm.

Der Trambus Präfekt 13 (13 Sitzreihen)
ist mit fast 11,3 m Gesamtlänge der
größte Stadtwagen der Präfekt-Reihe.
ist auf den Spitzenbedarf der
Großstadt eingerichtet. Er befördert
bei 29 Fahrgastsitzen bis zu 115 Per-
sonen. Aber wie bei allen Wagen, kann
man unter verschiedenen Sitzplatz-
anordnungen frei wählen.

Der Trambus Präfekt wird in
drei Größen gebaut, die sich
für den wirtschaftlichen Ein-
satz als zweckmäßig erwiesen
haben. In jeder Größe ist
die Wagengrundfläche zugleich
auch Nutzfläche. Der Unterflur-
motor, der im Heck des Wagens
liegt, beansprucht keinen
Zentimeter Nutzraum.
Alle drei Typen sind nach dem
gleichen Grundprinzip gebaut und
mit den gleichen Aggregaten aus-
gerüstet. Pflege und Wartung
sind daher auch bei einem gemischten
Fuhrpark einfach, die Kosten
für das Ersatzteillager niedrig.

flurmotor im Heck

Der Motor des Präfekt liegt unter
dem Wagenboden. Im Heck, wo er
niemanden stört. So wird die
gesamte Grundfläche zur
verdienenden Fläche.
Unter den Bodenklappen im Heck
des Fahrgastraumes liegt das
gesamte Triebwerk klar und
übersichtlich angeordnet:
der Unterflurmotor, das Getriebe,
die kurze Gelenkwelle und die
luftgefederte Hinterachse.
Die Wartung kann man bequem
durch die große Heckklappe an
der Außenwand durchführen.
Alle periodisch auszuführenden
Wartungsarbeiten lassen sich
bequem vom Schemel aus
vornehmen.

Mit einer Luxusbestuhlung, einem aufwendigen Belüftungssystem und Unterflur-Kofferräumen sowie mit den Direkteinspritzern U 7 D (155 PS) und U 11 D (210 PS) bauten Büssing und Emmelmann die Präfekt-Reisebusse.

Der Fahrerplatz

Für den Fahrer sind Sicherheit und Komfort ebenso wichtig wie für den Fahrgast. Übersichtlich angeordnete Instrumente, genügend Platz und gute Sicht nach allen Seiten sind beim BÜSSING Präfekt selbstverständlich.

Der Fahrersitz ist verstellbar und hydraulisch gefedert. Durch den Klimaschrank und die Belüftungsdüsen werden der Fahrerplatz und die Frontscheibe gut klimatisiert. Der Fahrer hat stets frische Luft. Die Scheiben können nicht beschlagen. Große Innen- und Außenspiegel sorgen für einen guten Überblick – auch nach hinten.

Auf Wunsch kann eine hochwirksame Scheibenwaschanlage eingebaut werden. Durch die serienmäßig eingebaute Kugelmutter-Hydrolenkung läßt sich der Bus mühelos steuern.

Trambus Präfekt
für Reiseverkehr

BÜSSING

In Südamerika, darunter auch in Panamaribo/Surinam, bewältigten die Büssing-Trambusse den Personentransport, wie es dieser Prospekt von 1967 aussagt.

PRÄFEKT
Standard-Linienbus
VÖV-Ausführung

BÜSSING

Gemäß dem Lastenheft des Verbandes öffentlicher Verkehrsbetriebe (VÖV) entwickelte Büssing 1967 den Präfekt Standard-Linienbus mit rahmensloser Karosserie. Auffallend waren bei den Vorserienfahrzeugen die steglose Fensterscheibe und die schmalen seitlichen Verbindungsscheiben.

Über 2 Stufen mit je 200 mm Höhe bei einem Einstieg von 325 mm kann man in den PRÄFEKT Standard-Linienbus bequem einsteigen.

Der PRÄFEKT Standard-Linienbus bietet mit 2100 mm Stehhöhe genügend Raum für den Fahrgast. Durch die geraden, hochgezogenen Seitenscheiben hat man auch im Stehen gute Sicht nach draußen.

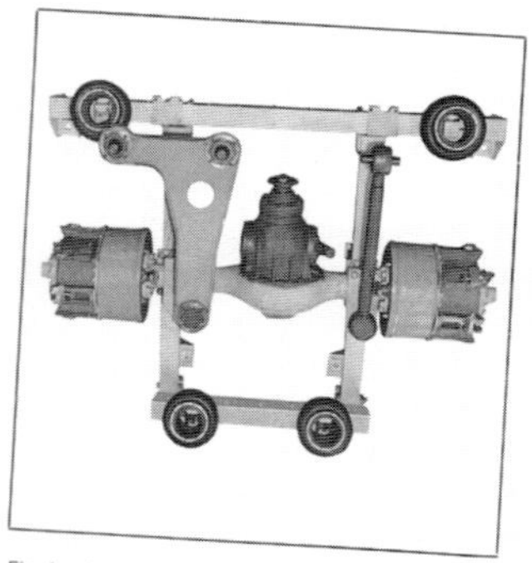

Ein eingebettetes Gummiformteil nimmt alle Lagerbewegungen elastisch auf, ohne daß ein Gleiten zwischen feststehendem und beweglichem Teil eintritt. Damit sind die Lagerstellen wartungsfrei. Drehmomente vom Anfahren und Bremsen werden an der Hinterachse über Luftfederbälge aufgefangen. Die Vorderachse überträgt diese Momente über ein Parallelogramm-Lenkersystem. Alle Stoßdämpfer sind in Zapfenlagern aufgehängt, die eine räumliche Bewegung der Dämpfer zulassen. Die Aufhängung ist geräusch- und wartungsfrei.

Die Bremsen mit ihren großen Belagflächen sind besonders für den Stadtverkehr ausgelegt. Für eine günstige Bremskraftverteilung im beladenen und leeren Zustand sorgen die für die Vorder- und Hinterachse serienmäßig eingebauten lastabhängigen Bremskraftregler. Die Handbremse wird durch Federspeicherkraft betätigt und wirkt direkt auf die Hinterräder; die Motorbremse arbeitet über elektropneumatische Fußbetätigung.

Die Radsterne der Trilexräder sind so konstruiert, daß die Bremstrommeln ohne Demontage der Naben zusammen mit den Radsternen abgenommen werden können. Geringeres Gewicht und Erleichterung der Bremsenhauptuntersuchung sind hier die Vorteile.

Aufbau

BÜSSING baut alle Trambusse rahmenlos in selbsttragender Bauweise. Die stabile Verstrebung von Vierkantrohren ist unempfindlich gegen Belastungs-, Schub- und Drehkräfte. Boden-, Seitenwand- und Dachkonstruktion nehmen alle auf die Karosserie einwirkenden Verwindungskräfte auf. Der Boden führt die Lasten gleichmäßig an die Seitenwände heran, die diese aufnehmen. So entsteht die selbsttragende Baueinheit, deren Querschnitt einer Röhre ähnelt. In diese Stahlkonstruktion werden die Aggregate eingebaut.

Technische Details aus einem 1967er Prospekt für den Trambus Präsident. Diesen Typ aus gemeinsamer Büssing- und Emmelmann-Produktion konnten die Stadtwerke wegen des Motors zwischen den Achsen in dreitüriger Ausführung mit Heckplattform einsetzen.

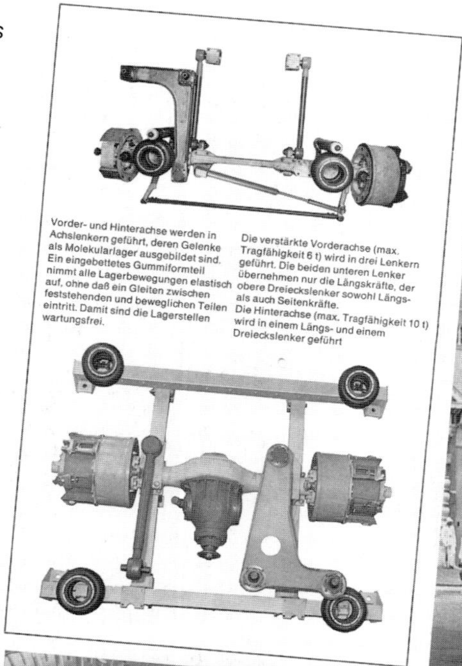

Vorder- und Hinterachse werden in Achslenkern geführt, deren Gelenke als Molekularlager ausgebildet sind. Ein eingebettetes Gummiformteil nimmt alle Lagerbewegungen elastisch auf, ohne daß ein Gleiten zwischen feststehenden und beweglichen Teilen eintritt. Damit sind die Lagerstellen wartungsfrei.

Die verstärkte Vorderachse (max. Tragfähigkeit 6 t) wird in drei Lenkern geführt. Die beiden unteren Lenker übernehmen nur die Längskräfte, der obere Dreieckslenker sowohl Längs- als auch Seitenkräfte.
Die Hinterachse (max. Tragfähigkeit 10 t) wird in einem Längs- und einem Dreieckslenker geführt

Trambus
Verbundfahrgestelle

BÜSSING

Die Verbundfahrgestelle Konsul und Präsident boten ausländischen Karossiers die Möglichkeit, eigene Aufbauten aufzusetzen. Auch Oberleitungs-Omnibusse (Obusse) ließen sich verwirklichen (1967).

Ebenfalls in selbsttragender Bauweise fertigte Büssing in den sechziger Jahren Doppeldecker. 40 nach Stockholm gelieferte Busse erhielten in Erwartung der Umstellung auf den Linksverkehr Vorrichtungen zum Umsetzen der Türen und der Lenkung (1967).

Seit den Anfängen des Automobilbaues sitzende Beförderung der Fahrgäste im Doppeldecker

In Berlin vor 50 Jahren: Ein BÜSSING Doppeldecker der ABOAG. Im Oberdeck saß man noch im Freien.

Und heute: Im Doppeldecker sitzen die Fahrgäste geschützt unter Dach. Trotzdem ist er nicht höher als 4 Meter. Der Bus ist luftgefedert, sein Motor liegt unterflur im Heck.

Über weitere Einzelheiten unterrichtet Sie unser Typenblatt. Für alle technischen Angaben billigen Sie uns bitte die üblichen Toleranzen zu. Ausrüstung und Konstruktionsdetails können sich im Zuge der Weiterentwicklung ändern.

Ein Kinderwagenplatz befindet sich im BÜSSING Doppeldeck-Trambus serienmäßig. Der Fußboden liegt tief, so daß auf Einstiegstufen verzichtet werden kann. Selbst Gehbehinderte steigen ohne fremde Hilfe bequem ein und aus.

N 150-102 667 ACO Printed in Germany

BÜSSING Automobilwerke, Ein Unternehmen der Salzgitter-Gruppe

1

2

3

Freier Durchgang
Schneller Fahrgastwechsel
Kurze Haltestellenzeit

Der BÜSSING Doppeldeck-Trambus befördert 92 bequem sitzende Fahrgäste. Ein starkes Argument für Pkw-Fahrer, die sich in Hauptverkehrszeiten mühsam durch den Stadtverkehr quälen. Auch im dichtesten Stadtverkehr fährt der Doppeldeck-Trambus so zügig und sicher wie der normale Eindeckbus. Kein Fahrplan braucht umgestellt zu werden. Auch nicht die Pflege und Wartung. Denn fast alle mechanischen Trieb- und Fahrwerkteile, wie Unterflur-Motor, Kühler, Getriebe, Vorderachse, Trilexräder, Bremstrommeln, Bremsen, Achsaufhängung und Luftfederung sind die gleichen wie beim BÜSSING Eindeckbus.

1

Eine breite, leicht begehbare Treppe führt zum Oberdeck. Sie ist so angelegt, daß auch bei plötzlichem Bremsen niemand rückwärts herunterstürzen kann.

2

Im Oberdeck finden 53 Fahrgäste auf Doppelbänken bequem Platz.

3

Bei voll besetztem Oberdeck und leerem Unterdeck kippsicher noch auf einer 28 Grad seitlich geneigten Fahrbahn.

Doppeldeck-Trambus

BÜSSING

Für den Einsatz im Innenstadtverkehr setzten neben Berlin und Lübeck auch Frankfurt am Main, Stuttgart, Ingolstadt und Karlsruhe Büssing Doppeldecker-Trambusse ein.

Büssing Trambusse 1966 – 1971

Mit 16,9 bzw. 18 Meter Gesamtlänge erstellte Emmelmann auf Büssing-Verbund-Fahrgestellen Gelenkomnibusse mit Kapazitäten für 157 und 163 Fahrgäste. Ein Prospekt von 1968.

für den Stadtlinienverkehr

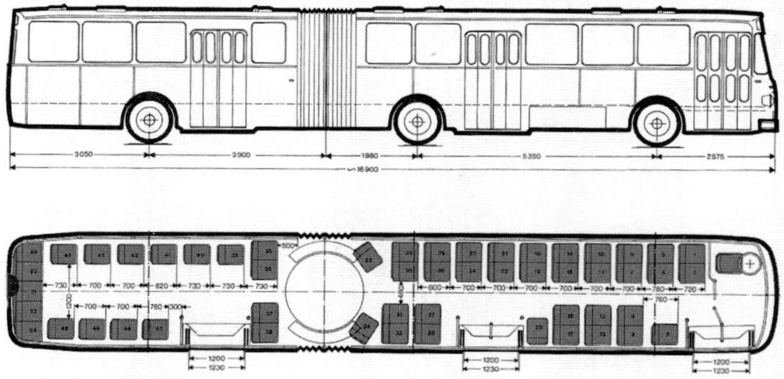

Gelenk Trambus Präsident 18 (Gesamtlänge 16,9 m)
53 Fahrgastsitze, 115 Stehplätze = 168 Fahrgäste und 1 Fahrer
(nach Bestuhlungsplan 1021–56–1)

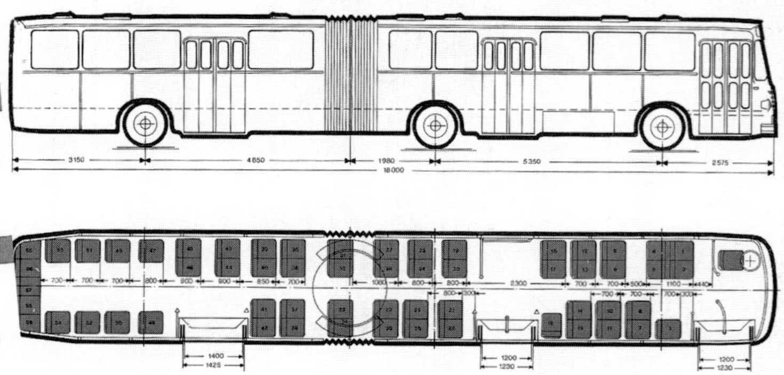

Gelenk Trambus Präsident 22 (Gesamtlänge 18 m)
59 Fahrgastsitze, 120 Stehplätze = 179 Fahrgäste und 1 Fahrer
(nach Bestuhlungsplan 1023–56–1)

1969 erhielt der nun in Serie gefertigte Präfekt Standard den auf 195 PS ausgelegten U 11 D-Motor. Die veränderte Frontpartie erhielt das neue Büssing-Emblem.

BÜSSING

Präfekt Standard 195 PS für kraftvollen Schnellstart, für lange Lebensdauer

Der kraftvolle, langsam drehende U 11 D erreicht sein hohes max. Drehmoment von 75 mkp bei 1300 U/min, die volle Leistung von 195 PS bei 2100 U/min. Das bedeutet kraftvoller Schnellstart an Haltestellen und Ampeln, schnelleres Einfädeln in den Verkehrsfluß. Das heißt Zeiteinsparung und größere Sicherheit im dichten Straßenverkehr. Ebenso entscheidend: Der Motor verfügt über sehr hohe Leistungsreserven. Dank des hohen Drehmoments läuft er überwiegend im mittleren Drehzahlbereich. Das bedeutet günstige Verbrauchswerte, bedeutet Schonung für Motor und Getriebe. Deshalb kein Überfordern – also extreme Lebensdauer und weniger Standzeiten. Bei fallender Drehzahl steigt das Drehmoment außerordentlich an bis max. 75 mkp bei 1300 U/min – der beste Beweis für die einzigartige Überlegenheit dieses 11,6-Liter-Motors. Sie erkennen sie in der Ebene und im Bergland, an den hohen Beförderungsleistungen, vor allem in Spitzenzeiten.

BS 120 V/BS 120 N

Der neue BS 120 V/N. Ein typischer Stadtbus. Ein typischer Überlandbus.

Den Nullachtfünfzehn-Linienbus gibt es nicht mehr. Nur Spezialisten arbeiten rationell. Deshalb ist unser neuer Großraumbus von Haus aus vielseitig. Sie können ihn als Innenstadt-Spezialisten haben (BS 120 V). Oder als Experten für den Vorort- und Überlandverkehr (BS 120 N). Mit dieser oder jener Einrichtung. So sehr sich ein Fahrplan von einem Fahrplan unterscheidet, pünktlich eingehalten will er auf jeden Fall sein. Diese Pünktlichkeit läßt sich – bis zu einem gewissen Grad – in einen Bus hineinkonstruieren. Beschleunigungsvermögen, Wendigkeit, bequemer Ein- und Ausstieg, das sind so einige Faktoren. Natürlich kommt es nicht nur darauf an, das Fahrplansoll zu erfüllen. Das Wie spielt eine entscheidende Rolle. Fangen wir beim Einsteigen an. Die unterste Trittstufe liegt ganze 390 mm über der Fahrbahn. Klettern braucht da kein Mensch mehr. Und auch ältere Fahrgäste kommen mühelos damit zurecht. Damit jeder gleich sieht, wo er sich befindet, sind die Fenster großflächig und bis unter das Dach hochgezogen. Die Sitzplätze sind gut gepolstert und 2,30 m Stehhöhe gefällt besonders den Fahrgästen, die früher den Kopf einziehen mußten.

BÜSSING

Linienbusse, Reisebusse, Pritschenwagen, Sattelzugmaschinen, Kipper

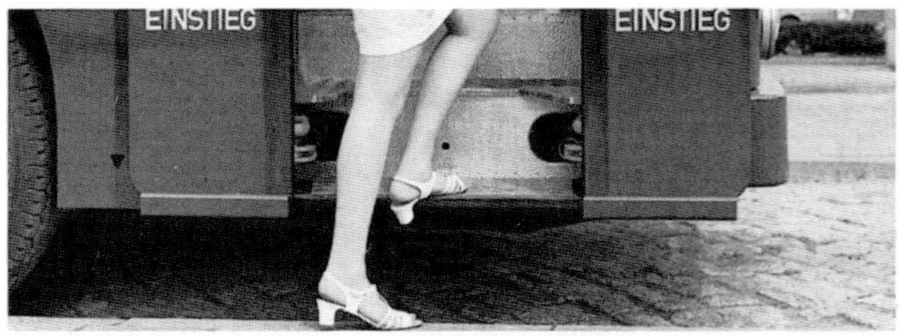

Bequemer Einstieg

BS 120 V
BS 120 N

Stadt-/Überlandlinienbus

Als Innenstadt-Spezialisten und als Überland-Experten entwarfen die Büssing-Ingenieure die BS-Serie in Anlehnung an die VÖV-Normen. Die Ziffern der Bustypen standen für die Länge der Fahrzeuge in Dezimetern.

BS 100/110 V, 113 N

Noch praxisgerechter. Noch wirtschaftlicher.

Unser Standard-Linienbus ist nicht viel älter als ein Jahr. Aber er ist bereits mehr als 500 Mal im Einsatz. Auch im Ausland. Als Fachmann wissen Sie, was das für einen Stadtbus, der Tag für Tag, Strecke für Strecke, im härtesten City-verkehr jung bleiben muß, bedeutet.

Er hat gezeigt, was in ihm steckt. An Erfahrung, technischer Reife, Kraft und Langlebigkeit.
Jetzt ist er in einigen Details noch verbessert worden. Nach den Empfehlungen des VÖV-Arbeitskreises. Die Frontpartie ist um eine Idee runder geworden. Das gibt ihm nicht nur eine aerodynamisch günstigere Form, sondern macht ihn auch waschmaschinenfreundlicher. Und die serienmäßigen Gummiblenden an den Radkästen sorgen dafür, daß der Straßenschmutz ihm nichts anhaben kann. Neuerungen, die den BS 100/110 V und BS 113 N noch wirtschaftlicher machen.
Die Gesamtkonzeption ist unverändert geblieben. Das bewährte luftgefederte Fahrwerk. Mit längs- und querlenkergeführten Achsen. Der 156 PS Unterflurdiesel. Und der aus 210 PS gedrosselte 11,6 l Unterflurdiesel U 11 D mit 195 oder 185 PS. Sein hohes Drehmoment von 75 mkp (73 mkp) bringt er bereits bei 1300 U/min. Das bedeutet hohe Elastizität, Leistungsreserven und extreme Lebensdauer des Motors.
Lassen Sie sich den BÜ
VÖV-Standard-Linienbu

Abgerundete Frontpartie

Schmutzabweisende Gummiblenden

Motor U 11 D mit 75 mkp

BÜSSING

Linienbusse, Reisebusse, Pritschenwagen, Sattelzugmaschinen, Kipper

BS 120 V
BS 120 N

Stadt-/Überlandlinienbus

Die VÖV-Standardlinienbusse in der 10-Meter-Version stattete Büssing 1970 ungewöhnlicherweise mit einem Fünfzylinder-Triebwerk mit 175 PS aus.

BÜSSING

Coaches, buses, platform trucks, articulated vehicles, tippers, special vehicles, engines

BS 110 DD

Double deck Bus: Swissair Model

BS 110 DD Swissair Model

Advantages of the double decker

The ever increasing number of passengers and the increasing lack of space on the roads require rational means of transportation. The double decker bus of 11 metres overall length (36.75 ft.), no longer than an ordinary town bus, offers many advantages. 86 passengers travel on two decks, with air suspension comfort and without crowding. Everyone has a seat. Fresh air turbo blowers fitted above every seat provide natural, uniform ventilation without troublesome draughts. Modern, technical facilities make the driver's job easier. The passenger number indicator system with illuminated panel records the exact number of passengers entering and leaving. The engine and gears react instantly to a finger tip touch on the automatic gear shift. With the 210 hp of the 6-cylinder underfloor mounted diesel engine gradients can be forgotten, and the bus moves effortlessly off from a standstill. A contribution to safety in winter is the sanding system in front of the drive wheels. BÜSSING has built double deckers for nearly 70 years. They are part of the everyday image of large cities such as Berlin, Frankfurt and Stockholm.

Individual ventilation of every seat

Comfortable staircase to the upper deck

Underfloor engine U 11 D 210 PS, 80 mkp

BÜSSING
Automobilwerke AG
Braunschweig

3321 Salzgitter-Watenstedt · Tel. (0 53 41) 24 11

Our leaflets will provide information concerning series production equipment. Extras on demand. Please allow us the usual tolerances for all technical data. Details of equipment and construction may alter in the course of further development.

Your supplier:

152-55/371 FW
Printed in Germany

An die Schweizer Fluggesellschaft Swissair konnte Büssing einige Exemplare des Doppeldecker-Typs BS 110 DD mit dem 210-PS-Diesel verkaufen. Für den Gepäcktransport führten die Zubringerfahrzeuge einen Einachsanhänger mit.

BÜSSING

Coaches, buses, platform trucks, articulated vehicles, tippers

BSE 120 GT/T/N

How the driver benefits.

Passenger safety actually begins at the driving seat. We have deployed all our engineering skill to make the driver's job easier. After all, he bears the brunt of the responsibility. The easier his vehicle is to handle, the more he can concentrate on the road ahead.

Generous front window area ensures perfect all-round vision. Without misting up – a heater cabinet and ventilation nozzles take care of that problem. A glance at the instruments need no longer mean a moment of danger. On the BSE 120 they are clearly laid out in the normal field of view, and free from glare. The driver's seat is hydraulically sprung and adjustable in all planes. Not just for the driver's comfort. Far more to ensure that he stays fit and fresh right to the end of the journey, as every bus driver must. Without any sense of being condemned to hard labour – the ball-and-nut hydraulic power steering keeps steering effort light. With gear-changing controlled by a light-action lever falling easily to hand.

Broad-beam headlights, 4-way hazard warning flashers

BSE 120 GT/T/N

Coach

Büssing-Prospekt von 1970 mit der Beschreibung der Reihe BSE 120 GT/T/N. Amerikanische Kunden sollten hier angesprochen werden.

BSE 120 GT/T/N

Den Prospekt für denn BSE 120 GT/T/N schmücken aufwendige Farb-Klappbilder, außerdem enthält er sehr detaillierte Aussagen zur Technik. Drei Motorengrößen waren lieferbar.

BSE 120 GT/T/N

How the engine performs

First, the facts: 156, 210 or 240 HP. Depending on what you need in each case. All 3 engines with direct injection, of course. And underfloor mounted to keep the interior free from noise. No unpleasant vibration to make long journeys a misery.
All 3 power units develop maximum torque at moderate engine speeds – of course! For example, the 240 HP unit: 86 mkp (622 lb/ft) at only 1300 rpm. The 210 HP engine: 80 mkp (579 lb/ft) at 1300 rpm.
This not only saves fuel. But keeps on saving it over the years. The driver is not constantly changing gear, either – engines like these are flexible enough to have ample power in reserve.

Overtaking, too, becomes far more straightforward, and the element of risk is reduced.
Here are the various ways in which you can match available power at the wheels to the transportation task in hand: U 7 D engine, 156 HP, S 5-35 gearbox with two-range auxiliary. Top speed with 7.1:1 final drive ratio = 93 kph (58 mph). With S 8-45 gearbox and 7.1:1 axle, top speed 90 kph (56 mph).
U 11 D engine, 210 HP, S 6-80 gearbox, final drive 5.7:1, top speed 98 kph (61 mph). Or U 12 D, 240 HP, S 6-80 gearbox, 110 kph (68 mph).

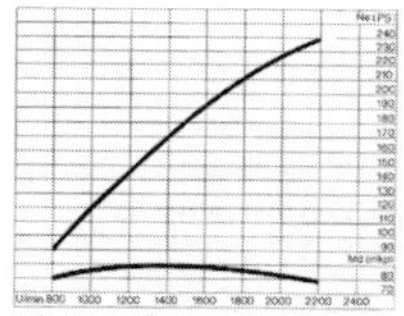

U/min = rpm PS = HP g/PSH = g/HP/hr

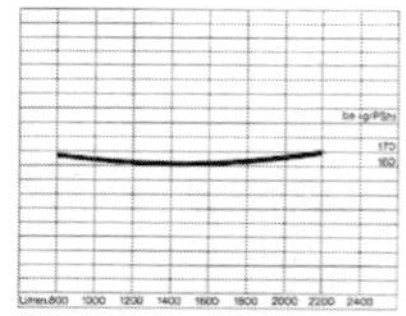

240 HP - power in hand Economical

BÜSSING

Linienbusse, Reisebusse, Pritschenwagen, Sattelzugmaschinen, Kipper

BS 110 V Typ Zürich

Maßgeschneidert nach bewährter Grundkonzeption

Die Einsatzbedingungen für einen
Linienbus können von Stadt zu Stadt
und von Land zu Land verschieden
sein. BÜSSING hat deshalb Linien-
busse entwickelt, die im Rahmen eines
durchdachten Baukastensystems den
unterschiedlichen Anforderungen
angepaßt werden können. Linienbusse
für 9, 10, 11, 12, 13 oder 14 Sitzreihen.
Einheitlich in der Grundkonzeption des
Aufbaus, einheitlich in den Fahrwerks-
aggregaten mit luftgefederten Achsen,
die durch Längs- und Querlenker spur-
genau geführt werden. Die Ausrüstung
ist variabel. Wahlweise mit Unterflur-
dieselmotoren von 156, 175, 185, 195
oder 210 PS Leistung, mit mechani-
schen oder automatischen Getrieben,
mit dieser oder jener Bestuhlungs-,
Tür- oder Innenausstattung. Ein System
standardisierter Bauelemente, das den
Verkehrsbetrieben die Berücksich-
tigung individueller Wünsche ermög-
licht. Ob in Hamburg, Stockholm oder
Klagenfurt. BÜSSING bietet den
maßgeschneiderten Linienbus.
Jüngstes Beispiel ist die Stadt Zürich.
Charakteristisch wird die Frontpartie
dieser BÜSSING Busse durch eine
Werkspoorscheibe mit maximaler
Blendfreiheit geprägt.

Das Voith-Diwabus-Getriebe, blend-
freie Armaturen und griffgerechte
Bedienungselemente vermitteln dem
Fahrer einen bedienungsbequemen
Arbeitsplatz mit guter Übersicht. Heiz-
bare Türscheiben vorne und eine
Sandstreuanlage vor den Antriebs-
rädern erhöhen die Fahrsicherheit.
3 Türen mit niedrigen Einstiegstufen
beschleunigen den Fahrgastfluß. Als
Antriebsaggregat dient der aus 210 PS
gedrosselte 11,6 l Unterflurdiesel U 11 D
mit 185 PS. Sein hohes Drehmoment von
73 mkp bringt er bereits bei 1300 U/min.
Das bedeutet hohe Elastizität, Leistungs-
reserven und extreme Lebensdauer.
Ein Test wird Ihnen diese ausgefeilte
Technik näherbringen.

Blendfreie Werkspoorscheibe

Übersichtliche Fahrerplatz-Gestaltung

Unterflurmotor U 11 D, 185 PS, 73 mkp

BS 110 V

Stadtlinienbus Typ Zürich

Für die schweizerischen Städte Zürich und Baden entstanden die Modelle BS 110 V Typ Zürich als Dreitürer mit der markanten blendfreien Werkspoor-Scheibe, auch Juke-Box-Scheibe genannt.

BÜSSING

Reisebusse, Linienbusse, Pritschenwagen, Sattelzugmaschinen, Kipper

BS 100 T/GT
BS 110 T/GT

Reisebus

BS 100, 110 T/GT

Der beruhigend neue Reisebus.

Wer seit 65 Jahren Busse baut, studiert auch seit 65 Jahren Straßen. Kennt die Entwicklungsphasen im Reiseverkehr. Weiß, was er seiner Zeit schuldig ist. Auf dieser Grundlage haben wir unseren neuen Reisebus in 10- und 11-Meter-Ausführung entwickelt. Sie werden feststellen, daß er Mammutstrecken, steile Berge und unangenehme Straßenoberflächen gelassen hinnimmt. Vom ersten Tag an. Weil wir bei allem Neuen, das in ihm steckt, auf das gute Alte nicht verzichtet haben. Auf die beruhigend ausgefeilte Technik, mit der Fahrgäste in Stadt und Land seit Jahr und Tag die besten Erfahrungen machen. Auf das ausgereifte Fahrwerk. Auf die Unterflurkonzeption.
Eben auf alles, was die Löwen seit eh und je zu Löwen macht. Dennoch sieht er nicht nur neu aus. Er ist es auch.
Erleben Sie ihn ruhig einmal wie ein Fahrgast. Sie werden feststellen, daß die Bequemlichkeit beim Einsteigen anfängt. Und erst beim Aussteigen wieder aufhört. Auch wenn Sie – sagen wir mal – 500 Kilometer Non Stop in ihm gefahren sind.

Übersichtliches Armaturenbrett

Als letzte Reisebus-Generation präsentierte Büssing 1969 dieses Fahrzeug in kantiger Gestaltung mit dem neuen Büssing-Löwen-Emblem und dem Schriftzug an der Vorderpartie. Die Versionen BS 100 und 110 T/GT erhielten 156- bzw. 210-PS-Antriebe.

ZUR JAHRESWENDE 1953/54

50 Jahre des Bestehens unseres Hauses liegen hinter uns.

An der Schwelle des neuen Jahres wollen wir allen Mitarbeitern für ihre Leistung und ihre Treue danken, die es ermöglichten, den Namen BÜSSING zur Weltgeltung zu führen.

Das Jahr 1954 möge ein glückhafter Beginn der zweiten Hälfte des ersten Jahrhunderts unseres Werkes werden.

R. Egger-Büssing

Die Büssing Werksanlagen 1919 (ganz oben), Büssing-Werk Braunschweig 1954 (links) und die neuen Büssing Werksanlagen in Salzgitter-Watenstedt im Jahre 1970 (rechs).

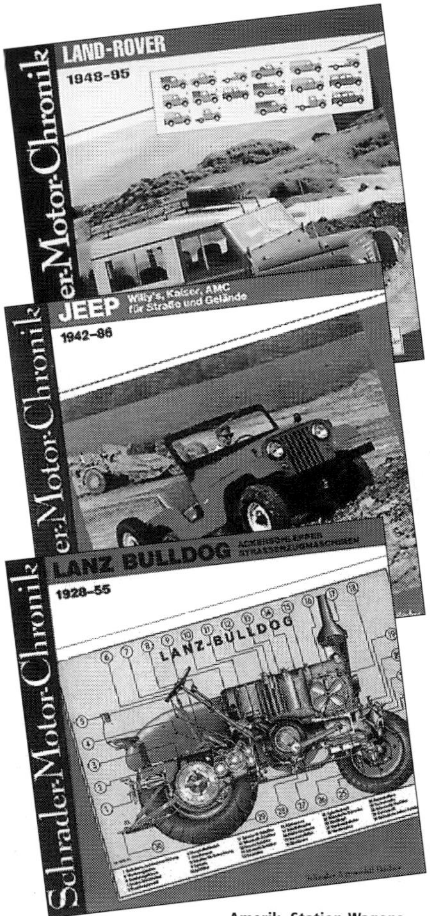

Schrader-Motor-Chronik

Die einmalige Reihe über Oldtimer

Interessante Dokumentationen in Faksimiles, zusammengestellt anhand zeitgenössischen Werbe- und Pressematerials in Schwarzweiß und Farbe. Jeder Band enthält eine Fülle von Abbildungen, technischen Angaben und Daten, basierend auf authentischen Werksveröffentlichungen.

Lanz Bulldog – Ackerschlepper, Straßenzugmaschinen, 1928-1955
96 S., 120 Abb., geb.
Bestell-Nr. 87056
ISBN 3-613-87056-8

Jeep, Willy's, Kaiser, AMC 1942-1986
96 S., 118 Abb., geb.
Bestell-Nr. 87029
ISBN 3-922617-29-8

Land-Rover 1948-1995
96 S., 104 Abb., geb.
Bestell-Nr. 87140
ISBN 3-613-87140-8

Amerik. Station Wagons und Woodies, 1938-1960
96 S., 125 Abb., geb.
Bestell-Nr. 87124
ISBN 3-921796-24-5

Audi 50 · 60 · 75 · 80 · 90 · 100, 1965-1980
96 S., 120 Abb., geb.
Bestell-Nr. 87152
ISBN 3-613-87152-1

Citroën 2 CV, Dyane, Ami 6/8, Méhari, 1948-1986
96 S., 110 Abb., geb.
Bestell-Nr. 87040
ISBN 3-922617-40-9

Deutsche Autos der Extraklasse, 1952-1992
96 S., 134 sw-Abb., geb.
Bestell-Nr. 87137
ISBN 3-613-87137-8

Fiat Sportwagen, Coupés und Spider, 1948-1986
96 S., 120 Abb., geb.
Bestell-Nr. 87039
ISBN 3-922617-39-5

BMW Isetta und ihre Konkurrenten, 1955-1962
96 S., 128 Abb., geb.
Bestell-Nr. 87010
ISBN 3-922617-10-7

Chevrolet Corvette 1953-86
96 S., 110 Abb., geb.
Bestell-Nr. 87051
ISBN 3-922617-51-4

Deutsche Hauben-Lastwagen der fünfziger Jahre
96 S., 120 Abb., geb.
Bestell-Nr. 87130
ISBN 3-613-87130-0

Karmann Ghia Coupés und Cabriolets, 1955-1974
96 S., 104 Abb., geb.
Bestell-Nr. 87062
ISBN 3-922617-62-X

MGA, MGB, MGC, Roadster und Coupés, 1955-1981
96 S., 110 Abb., geb.
Bestell-Nr. 87067
ISBN 3-922617-67-0

Fiat 500/600, Topolino, Jagst, Multipla, Weinsberg 1936-1969
96 S., 155 Abb., geb.
Bestell-Nr. 87026
ISBN 3-922617-26-3

Morgan Sport- und Tourenwagen, 1935-1981
96 S., 116 Abb., geb.
Bestell-Nr. 87078
ISBN 3-922617-78-6

NSU Ro 80 und Wankel Spider, 1964-1977
96 S., 116 Abb., geb.
Bestell-Nr. 87049
ISBN 3-922617-49-2

Porsche 911, Targa, Carrera, Cabriolet, 1963-1986
96 S., 142 Abb., geb.
Bestell-Nr. 87027
ISBN 3-613-87027-4

Trabant, 1958-1991
P50, P60, 601, 1,1 Liter
96 S., 120 Abb., geb.
Bestell-Nr. 87145
ISBN 3-613-87145-9

Triumph Spitfire und GT 6 1962-1980
96 S., 120 Abb., geb.
Bestell-Nr. 87095
ISBN 3-922617-95-6

Porsche 356 – 1948-1965
96 S., 122 Abb., geb.
Bestell-Nr. 87041
ISBN 3-922617-41-7

Saab Automobile, Modelle 92 bis 99 und Sonett, 1947-1970
96 S., 113 Abb., geb.
Bestell-Nr. 87106
ISBN 3-921796-06-7

Mercedes-Benz Cabriolets 170 u. 220-280 SE 3.5 V8 1949-1971
96 S., 110 Abb., geb.
Bestell-Nr. 87077
ISBN 3-613-87077-0

Mercedes-Benz Heckflosse 220, 190/200, 230, 300 SE 1959-1965
96 S., 112 Abb., geb.
Bestell-Nr. 87034
ISBN 3-922617-34-4

PREIS PRO BAND
DM 19,80 / sFr 19,80 / öS 145,–

Mercedes-Benz Ponton 180/D, 190/D, 219, 220, 220S/SE, 1953-1962
96 S., 111 Abb., geb.
Bestell-Nr. 87043
ISBN 3-922617-43-3

VW Käfer Cabrio, Karmann Ghia, Rometsch usw. 1949-1980
96 S., 110 Abb., geb.
Bestell-Nr. 87015
ISBN 3-922617-15-8

Triumph TR2-TR8, 1953-1982
96 S., 120 Abb., geb.
Bestell-Nr. 87036
ISBN 3-922617-36-0

VW Käfer Limousinen 1938-78
96 S., 110 Abb., geb.
Bestell-Nr. 87068
ISBN 3-613-87068-1

VW Transporter/Bus 1949-67
96 S., 141 Abb., geb.
Bestell-Nr. 87009
ISBN 3-613-87009-6

Lancia Ardea, Aprilia, Aurelia, Appia, Flaminia, Flavia, Fulvia, 1946-1972
96 S., 120 Abb., geb.
Bestell-Nr. 87097
ISBN 3-922617-97-2

Mini-Austin, Morris, Cooper S, Special, Clubman, 1275 GT, 1959-1983
96 S., 120 Abb., geb.
Bestell-Nr. 87055
ISBN 3-922617-55-7

Schrader Verlag

Postfach 103743
70032 Stuttgart
Telefon (0711) 2108065
Telefax (0711) 2108070

Stand November 1996 – Änderungen in Preis und Lieferfähigkeit vorbehalten